Serie ICETE

Principios y mejores prácticas para Programas de Doctorado

Global Hub for Evangelical Theological Education

Langham
GLOBAL LIBRARY

He revisado cuidadosamente el libro *Principios y mejores prácticas para Programas de Doctorado*, y me ha impactado su cobertura integral y su perceptiva articulación. Los documentos reflejan los requisitos vigentes para los estudios de doctorado en instituciones de educación superior de alta calidad.

Wadi Haddad, PhD
Presidente y Jefe de redacción de Conocimiento y Emprendimientos (REV),
TechKnowLogia
Anteriormente, Jefe de la División de Educación, Banco Mundial

El libro *Principios y mejores prácticas para Programas de Doctorado* es muy significativo para la erudición evangélica. Es un documento que sin duda demuestra que los evangélicos toman en serio el ámbito académico. Pero también es un documento que inequívocamente muestra que el ámbito académico debe tener un propósito más grande que la adquisición de conocimiento como fin en sí mismo. A la vez que reconoce con firmeza la validez de los doctorados académicos, el documento igualmente reconoce la indudable importancia de los doctorados profesionales. Y, sin embargo, en el documento se puede ver claramente que los estándares para doctorados tanto académicos como profesionales no están diseñados de manera que los doctorados profesionales se obtengan mediante procesos menos rigurosos que los doctorados académicos. Tampoco están diseñados de manera que los que obtienen los títulos no puedan interactuar con la comunidad erudita global ni conversar con otros estudiosos que obtuvieron sus títulos en contextos distintos a los de orientación evangélica. Todo lo contrario. Como un africano que labora en una institución académica africana, me entusiasma mucho que se hayan preparado estos principios para programas de doctorado. Permitirán que las instituciones teológicas en el continente que ya hayan iniciado, o que planean iniciar, un programa de doctorado cuenten con estándares consensuados que pueden usar como referencia y patrón al desarrollar sus propios estándares e interactuar con organismos de acreditación que tienen sus propios documentos normativos.

Desta Heliso, PhD
Director, Ethiopian Graduate School of Theology (EGST)
Presidente, Association for Christian Theological Education in Africa (ACTEA)

Muchas instituciones del Mundo Mayoritario se han dispuesto a proveer títulos superiores en educación teológica, incluyendo al nivel de doctorado. Este documento, elaborado por ICETE luego de varias consultas globales, ofrece puntos de referencia e indicadores de excelencia para futuros académicos con doctorado. Este documento brinda estándares reconocidos a nivel mundial. Es mi esperanza que en el futuro tengamos eruditos del Mundo Mayoritario entrenados y arraigados en la Palabra de Dios y en excelentes tradiciones teológicas, y comprometidos con el mundo y con sus propios contextos. Recomiendo fuertemente que las instituciones relacionadas con ICETE mantengan estos puntos de referencia para los cristianos del mundo que moldearán el pensamiento de la iglesia y su participación en la misión de Dios.

Ashish Chrispal, PhD
Director regional para Asia, Overseas Council, EE.UU.

La educación teológica necesita estudiosos formados en los niveles académicos más altos que usen su erudición como expresión de la más profunda dedicación y fidelidad a la misión de Dios para la iglesia y para el mundo. El libro *Principios y mejores prácticas para Programas de Doctorado* presenta una definición reflexionada de lo que significa la calidad para los programas de doctorado que satisfacen precisamente esta necesidad. Los principios incluyen un marco bíblico y teológico además de orientación apropiada en torno a los requisitos educativos, los requerimientos administrativos y las necesidades de recursos de los programas de doctorado. Si son implementadas cuidadosamente en las instituciones acreditadas por los miembros de ICETE, el resultado será una educación doctoral consensuada que servirá con eficacia a las escuelas teológicas. Este es un documento importante.

Daniel Aleshire, PhD
Director ejecutivo,
Association of Theological Schools (ATS), Norteamérica

Principios y mejores prácticas para Programas de Doctorado

Editado por
Ian J. Shaw
con
Scott Cunningham y Bernhard Ott

Editor de la Serie
Riad Kassis

Global Hub for Evangelical Theological Education

GLOBAL LIBRARY

© 2025 Ian J. Shaw

Publicado en 2025 por Langham Global Library,
un sello editorial de Langham Publishing
www.langhampublishing.org

Langham Publishing y sus sellos editoriales son un ministerio de Langham Partnership.

Langham Partnership
PO Box 296, Carlisle, Cumbria CA3 9WZ, UK
www.langham.org

ISBNs:
978-1-78641-133-4 Print
978-1-78641-134-1 ePub
978-1-78641-135-8 PDF

Publicado originalmente en inglés bajo el título "Best Practice Guidelines for Doctoral Programs"

Ian J. Shaw ha declarado su derecho a ser identificado como el autor de esta obra según las disposiciones del Acta de Derechos, Diseños y Patentes de 1988.

Todos los derechos reservados. Ninguna parte de esta publicación puede ser reproducida, almacenada en un sistema de recuperación o transmitida, en cualquier formato o por cualquier medio, electrónico, mecánico, fotocopiado, grabación o de otra manera, sin el permiso previo por escrito de los editores o de la Agencia de Derechos de Autor.

Las solicitudes para reutilizar contenidos de Langham Publishing son procesadas a través de PLSclear. Favor visitar www.plsclear.com para completar su solicitud.

A menos que se indique lo contrario, todas las citas bíblicas han sido tomadas de la Santa Biblia, NUEVA VERSIÓN INTERNACIONAL® NVI® © 1999, 2015, 2022 por Biblica, Inc.® Usado con permiso de Bíblica, Inc.® Reservados todos los derechos en todo el mundo.

Información de Publicación del Catálogo Bibliotecario Británico
El registro del catálogo para este libro está disponible en la ISBN: 978-1-78641-133-4

Diseño & arte de portada e interior del libro: projectluz.com

Traducción al español: Jim Breneman

Langham Partnership respalda activamente el diálogo teológico y los derechos de publicación del autor, pero no necesariamente avala las perspectivas y opiniones expuestas aquí o en las obras a las que se hace referencia en esta publicación, ni garantiza la corrección técnica y gramatical. Langham Partnership no se responsabiliza por los daños a terceros u otras propiedades como resultado de la lectura, el uso o la interpretación del contenido de esta publicación.

Contenido

Prólogo ix
Sección 1
    Los Estándares de Beirut 1
Sección 2
    La Adaptación de los Estándares de Beirut a
    los doctorados profesionales 5
Sección 3
    Principios y mejores prácticas para los Programas de
    Doctorado 9
        I. Introducción 9
        II. La naturaleza de la investigación 12
        III. Principios clave para las mejores prácticas en la educación
            doctoral 14

Dedicado, con profundo aprecio y gratitud,
a Jim & Carolyn Blankemeyer y a la Fundación Blankemeyer,
por su tenaz apoyo a la educación teológica doctoral
en el Mundo Mayoritario

Prólogo

Una de las tendencias más importantes y significativas en la educación teológica global en nuestros tiempos es el creciente surgimiento de programas de doctorado evangélicos en el Mundo Mayoritario.

En el año 2004, el Dr. Chris Wright, Director de Ministerios Internacionales de Langham Partnership, redactó un documento preliminar sobre "Becas de doctorado en instituciones del Mundo Mayoritario". En la consulta internacional del Consejo Internacional de Educación Evangélica (ICETE) de 2006 en Chiang Mai, Tailandia, el Dr. Wright expuso la necesidad de una consulta internacional que reuniera a estos programas de doctorado emergentes en el Mundo Mayoritario evangélico. El Dr. Paul Saunders, el director internacional de ICETE en ese momento, inició las conversaciones exploratorias, junto con el Dr. Chris Wright y el Dr. David Baer de Overseas Council (OC), acerca de la viabilidad de una Iniciativa Doctoral de ICETE. Ambos organismos internacionales acordaron apoyar tal iniciativa.

ICETE estableció un Comité de Supervisión para ayudar en el desarrollo de la Iniciativa Doctoral de ICETE, que consistió en representantes de instituciones globales que ya ofrecían programas de doctorado, presidido por el ahora fallecido Dr. Douglas Carew (AIU/NEGST Kenia); con los Drs Carver Yu (CGST Hong Kong); Oscar Campos (SETECA Guatemala); Theresa Lua (AGST Filipinas); y con Paul Sanders (ICETE) *ex oficio*. Este grupo se reunió por primera vez en Sopron, Hungría, en octubre de 2009.

La Iniciativa Doctoral de ICETE se lanzó formalmente con una consulta de planificación llevada a cabo en Beirut, Líbano, en marzo de 2010. Ese evento reunió a un grupo selecto de instituciones clave que ya ofrecían programas de doctorado en el Mundo Mayoritario, que como grupo representaban al movimiento más amplio. La consulta de Beirut 2010 exploró un amplio repertorio de intereses relevantes. También redactó y adoptó por unanimidad una declaración sobre la excelencia en los programas de doctorado, titulada los *Beirut Benchmarks* 'de aquí en adelante, los *Estándares (educativos) de Beirut*.

En octubre de 2011 se celebró una segunda consulta de planificación, en Bangalore, India. Dicho encuentro adoptó por unanimidad las *Afirmaciones de Bangalore*. Además aprobó una adaptación de los *Estándares de Beirut* a los Doctorados Profesionales. La tercera Consulta Doctoral de ICETE tuvo lugar en Nairobi, Kenia, en octubre de 2012.

En 2013, el Dr. Riad Kassis, actual director internacional de ICETE, se dedicó a formar un Consejo Asesor y un Comité Directivo que llevara adelante la Iniciativa Doctoral de ICETE. Una lista completa de los miembros del Consejo Asesor y del Comité Directivo se incluye como apéndice al final de este documento.

Los siguientes documentos han sido producidos para el beneficio de los programas de doctorado en disciplinas teológicas ofrecidos por instituciones evangélicas, ya sea en el Mundo Mayoritario o en Occidente. Surgen a partir de las consultas ya mencionadas, a las que asistieron delegados invitados de ICETE, Langham Partnership y Overseas Council, así como una variedad de líderes académicos del Mundo Mayoritario. Han sido preparados para ayudar a mejorar los programas de doctorado, tanto los que ya existen como los emergentes, alrededor del mundo. Explican y amplían los documentos básicos que fueron acordados en esas consultas 'los *Estándares (educativos) de Beirut* y la *Adaptación de los Estándares de Beirut a los Doctorados Profesionales*' y presentan lineamientos para la aplicación de estos principios básicos o medulares. Estos *principios y mejores prácticas* están escritos para ayudar a todos los programas de doctorado en su búsqueda de mejorar continuamente. En algunos países los estudios de doctorado de estudiantes evangélicos no se llevan a cabo en el contexto de un seminario evangélico, sino en la universidad secular bajo la dirección de un supervisor de doctorado evangélico. En dichos casos, es posible que algunas de las normas descritas aquí no sean directamente aplicables. Sin embargo, los principios fundamentales y el espíritu de los documentos en cuestión también se pueden aplicar sin dificultad en estos contextos.

Quiero expresar mi agradecimiento a Dios por su gracia, que permitió la elaboración de estos importantes documentos. También quiero expresar mi gratitud a aquellos que le han dedicado mucho esfuerzo y muchas noches sin dormir. En particular, quiero mencionar a los Dres. Ian Shaw, Paul Bowers, Scott Cunningham, y Bernhard Ott.

Rev Riad Kassis, PhD
Director Internacional, Consejo Internacional Para la
Educación Teológica Evangélica (ICETE);
Director, Langham Scholars Ministry, Langham Partnership

Sección 1

Los Estándares de Beirut

Los estudios de doctorado en una institución cristiana evangélica se basan en una comprensión del conocimiento que es más que académica. En la Biblia, adquirir y practicar la sabiduría implica una combinación de fe, razón y acción. Requiere:

- creer lo correcto y estar comprometido con confiar en el Dios viviente ("el temor del Señor es el primer principio de la sabiduría"),
- emplear de manera creativa y humilde la racionalidad que Dios le ha concedido a los seres humanos creados a su imagen, y
- vivir en el mundo de una manera que refleje el llamado de Dios a ser partícipes en la misión de Dios.

Por tanto, los estudios de doctorado llevados a cabo sobre esos cimientos serán *confesionales, racionales y misionales*. Para una persona cristiana, los estudios de doctorado son una dimensión de lo que significa "amar al Señor tu Dios con todo tu corazón, con toda tu alma, con toda tu mente y con todas tus fuerzas".

Dentro de este marco de identidad y compromiso cristiano, el calificativo de doctorado será otorgada a estudiantes que, siendo miembros de una iglesia, son reconocidos por su discipulado fiel y su liderazgo y que, mediante las evaluaciones apropiadas, demuestran las siguientes cualidades:

1. <u>Comprensión integral,</u> habiendo demostrado: un entendimiento amplio y sistemático de un campo de estudio que es relevante para

la comunidad de fe cristiana; y el dominio de las habilidades y los métodos de investigación adecuados para ese campo de estudio.

2. <u>Habilidades críticas,</u> ejercidas en el marco de la fe, demostradas por: la capacidad para el análisis crítico, la evaluación independiente de fuentes primarias y secundarias, y la síntesis de ideas nuevas e interconectadas empleando argumentaciones coherentes; y el compromiso a practicar dichas habilidades sobre la base de la fidelidad bíblica a Jesucristo y su iglesia.

3. <u>Investigación con seriedad e integridad,</u> habiendo demostrado la capacidad de: concebir, diseñar e implementar un proyecto de investigación de amplia envergadura que resulte en una tesis extendida y coherente; y de hacerlo con integridad cristiana y académica.

4. <u>Contribución creativa y original,</u> demostrada por haber producido, como resultado de tal investigación disciplinada, una contribución que extiende las fronteras del conocimiento o desarrolla nuevas perspectivas para la articulación y la relevancia contextual de la tradición cristiana, algunas de los cuales ameriten ser publicadas a nivel nacional o internacional en revistas arbitradas.

5. <u>Relevancia contextual,</u> evidenciada 'durante sus programa de doctorado y en las expectativas para su futuro potencial' por su capacidad de interacción crítica y bíblicamente informada con las realidades de sus contextos culturales.

6. <u>Habilidad comunicativa,</u> evidenciada por su capacidad de comunicar e interactuar en torno a su área de especialización con audiencias de su mismo nivel académico y, donde y cuando corresponda, con no especialistas en comunidades cristianas locales y en la sociedad en general, mediante modalidades culturalmente relevantes, por ejemplo a través de la enseñanza, la predicación o la escritura, e incluyendo su lengua materna.

7. <u>Impacto misional,</u> habiendo demostrado su compromiso a utilizar el fruto de sus estudios de doctorado, las habilidades aprendidas y las oportunidades que brinda, para promover el reino de Dios y prosperar

la misión de la iglesia (tanto local como global) mediante un servicio transformador según el modelo de Jesucristo y para la gloria de Dios.

Aprobado por unanimidad el 6 de marzo de 2010
por los participantes en la Consulta Doctoral de ICETE
Beirut, Líbano

Sección 2

La Adaptación de los Estándares de Beirut a los doctorados profesionales

El Doctorado Profesional en un aspecto del ministerio cristiano es un título de nivel de doctorado que utiliza la práctica profesional y ministerial del candidato o la candidata como parte del proceso estructurado de aprendizaje. El contexto de la práctica del estudiante es un componente central del proyecto de investigación. En el doctorado profesional, el estudiante trabaja desde la teoría y la práctica, hacia la mejora de competencias tanto para sí mismo/a como para la profesión más amplia. La persona que posee un Doctorado Profesional en Ministerio Cristiano es, por lo tanto, un/a profesional que investiga y extiende los límites de la práctica reflexiva en un área determinada del ministerio cristiano.

Los estudios de doctorado en una institución cristiana evangélica se basan en una comprensión del conocimiento que es más que académica. En la Biblia, adquirir y practicar la sabiduría implica una combinación de fe, razón y acción. Requiere:

- creer lo correcto y estar comprometido con confiar en el Dios viviente ("el temor del Señor es el primer principio de la sabiduría"),
- emplear de manera creativa y humilde la racionalidad que Dios le ha concedido a los seres humanos creados a su imagen, y

- vivir en el mundo de una manera que refleje el llamado de Dios a ser partícipes en la misión de Dios.

Por tanto, los estudios de doctorado llevados a cabo sobre esos cimientos serán *confesionales, racionales y misionales*. Para una persona cristiana, los estudios de doctorado son una dimensión de lo que significa "amar al Señor tu Dios con todo tu corazón, con toda tu alma, con toda tu mente y con todas tus fuerzas".

Dentro de un marco de identidad y compromiso cristiano, el calificativo de doctorado *profesional* será otorgada a estudiantes que son *miembros de una iglesia, reconocidos por su experiencia en el ministerio cristiano*, por su discipulado fiel y por su liderazgo y que *hayan demostrado*, mediante evaluaciones apropiadas y *una revisión profesional inter pares*, las siguientes cualidades:

1. Comprensión integral, habiendo demostrado: un entendimiento amplio y sistemático de un campo de estudio *a la vanguardia de la práctica profesional en un área del ministerio cristiano*; el dominio de las habilidades y los métodos de investigación; *una práctica reflexiva aplicada a un área específica del contexto ministerial*.

2. Habilidades críticas, ejercidas en el marco de la fe, demostradas por su capacidad para la evaluación independiente de fuentes primarias y secundarias, y para la *investigación basada en la práctica. Los estudiantes deben evidenciar la capacidad de mantener una distancia crítica apropiada respecto de su propio contexto profesional, y la capacidad de integrar el conocimiento académico con la práctica profesional a nivel de doctorado. Un compromiso a practicar dichas habilidades* sobre la base de la fidelidad bíblica a Jesucristo y su Iglesia.

3. Investigación con seriedad e integridad, habiendo demostrado: a) la capacidad de concebir, diseñar e implementar un proyecto de *investigación de amplia envergadura y un análisis crítico de la práctica profesional actual y anterior*, b) la *capacidad de generar crítica mutua y recíproca con expertos teóricos y practicantes externos a su contexto ministerial inmediato*, c) que resulta en una tesis sostenida y coherente, y d) que puede hacerlo con integridad cristiana y académica.

4. Contribución creativa y original, demostrada por haber producido, como resultado de tal investigación disciplinada, una contribución que a) extiende las fronteras del conocimiento, o genera nuevas perspectivas, enfoques o paradigmas en la práctica profesional, b) *genera nuevas perspectivas, enfoques o paradigmas en la práctica profesional*, y c) *mejora la integración entre la reflexión teológica y la práctica del ministerio cristiano*, y amerite ser *publicada en la literatura profesional* a nivel nacional o internacional.

5. Relevancia contextual, evidenciada 'durante sus programa de doctorado y en las expectativas para su futuro potencial' por su capacidad de interacción crítica y *bíblicamente informada y por una práctica profesional potenciada y aplicada dentro de* las realidades de sus contextos culturales.

6. Habilidad comunicativa, evidenciada por su capacidad de comunicar e interactuar en torno a su área de especialización con audiencias de su mismo nivel académico y con interlocutores profesionales. Cuando corresponda, esta comunicación debe ser para no especialistas en comunidades cristianas locales y en la sociedad en general de maneras culturalmente relevantes, incluida su lengua materna, por ejemplo, a través de la enseñanza, la predicación o la escritura.

7. Impacto misional, habiendo demostrado su *compromiso a utilizar el fruto de sus estudios de doctorado*, las habilidades obtenidas y las oportunidades que brinda, para promover el reino de Dios y prosperar la misión de la iglesia (tanto local como global) *a través de mejoras significativas en la teoría y la práctica profesional* de un servicio transformador y un liderazgo según el modelo de Jesucristo, para la gloria de Dios.

Aprobado por unanimidad el 14 de marzo de 2011
por los participantes en la Consulta Doctoral del ICETE
Bangalore, India

Sección 3

Principios y mejores prácticas para los Programas de Doctorado

I. Introducción

En todas las dimensiones de la vida es importante que los cristianos se esfuercen por emplear las mejores prácticas. Es parte de una vida cristiana integrada, una respuesta integral a las necesidades y los desafíos de cada contexto en el que adoramos y trabajamos. En 2 Corintios 8:7 Pablo elogia a los Corintios por cómo "sobresalen en todo", incluyendo "en fe, en palabras, en el conocimiento, en dedicación y en su amor hacia nosotros". Entonces, todo educador teológico debe aspirar a "sobresalir en todo". La excelencia en la creación y la realización de programas de educación teológica tiene un mandato bíblico.[1]

Las buenas prácticas son necesarias para resguardar los estándares académicos y asegurar una realización exitosa, por parte de instituciones teológicas de tradición evangélica, de los programas de doctorado en conformidad con las expectativas nacionales e internacionales. Esto se debe hacer de tal manera que los que llevan adelante estudios de doctorado sean formados espiritualmente por el proceso y equipados para el servicio en honor a Dios.

---

1. 2 Corintios 8:7, "Pero ustedes, así como sobresalen en todo 'en fe, en palabras, en conocimiento, en dedicación y en su amor hacia nosotros', procuren también sobresalir. . ."; Filipenses 4:8, "hermanos, consideren bien ...todo lo que sea excelente o merezca elogio." El propósito más alto de la búsqueda de la excelencia es la gloria de Dios (1 Cor 10:31), no solo la excelencia como fin en sí misma.

Estos Principios y Mejores Prácticas desarrollan las implicaciones de lo establecido en los *Estándares de Beirut* y en la *Adaptación de los Estándares de Beirut a los Doctorados Profesionales*. Fungen de manera análoga a la relación entre 'Deuteronomio' y el 'Decálogo'. Están diseñados para establecer expectativas e ilustrar cómo se pueden aplicar los *Estándares de Beirut*, y también sirven como herramienta de análisis para fomentar la reflexión continua en torno a las mejores prácticas. Buscan establecer principios que informen las mejores prácticas a nivel global; es decir, no están simplemente dirigidos de una comunidad a otras comunidades. Estos principios están diseñados tanto para seminarios y universidades cristianas occidentales como para instituciones del Mundo Mayoritario.

La excelencia a la que aspiramos en el uso de las mejores prácticas debe ser creíble. Se debe poder evaluar según estándares medibles, para que las instituciones puedan reflexionar sobre su desempeño y esforzarse constantemente por mejorar. En esta labor, la excelencia académica no es negociable. Pero también hace falta una comprensión más amplia de la excelencia, más abarcadora que una noción exclusivamente académica. Con el auge global de los programas de doctorado, hay un aumento de la presión por "armonizar" las cualificaciones internacionales. Porque es un producto global, el doctorado debe ajustarse a ciertas expectativas y estándares globales, alineándose con puntos de referencia globales clave. Por ejemplo, el proceso de Bologna en el Espacio Europeo de Educación Superior ha estado fijando normas y creando presiones de adecuación que se han llegado a sentir a mucha distancia de Europa. La necesidad de ser creíbles y de lograr el reconocimiento oficial a nivel nacional de los programas de doctorado significa que estos asuntos ya no se limitan al contexto occidental. A nivel mundial, muchos organismos nacionales también están atentos a Bologna para sus estándares. En la Consulta Doctoral de ICETE de 2010, en Beirut, se decidió considerar a los descriptores de Dublín (producidos para los títulos de nivel 'D', como parte del proceso de Bologna) como punto de partida: (a) para una comprensión de los estándares de educación doctoral aceptados internacionalmente; y (b) para desarrollarlos y reforzarlos con una filosofía educativa distintivamente cristiana. Esta necesidad de parámetros para los programas de doctorado ofrecidos por instituciones teológicas de tradición evangélica, entendida y aceptada en Asia, Europa, África, América del Norte y del Sur, y Australasia, subyace a los *Estándares de Beirut* que surgieron de estas conversaciones.

Eso no significa que todos los programas de doctorado deben ser exactamente iguales. Habrá variedad contextual en ciertas áreas. Sin embargo, el producto final aún tiene que verse como un doctorado y ser reconocido como tal por la comunidad académica global, así como por las agencias locales de acreditación y validación, las iglesias y los estudiantes que cursan el programa. Debe ser realizado según los más altos estándares y las mejores prácticas. Hasta el momento no se puede obtener un título académico más alto que el doctorado, aunque algunos ofrecen diferentes clasificaciones dentro del mismo (como *laude*, m*agna cum laude*, etc). La naturaleza misma del doctorado exige la excelencia de quienes lo ofrecen. A la vez, los líderes de las instituciones teológicas evangélicas necesitan desafiarse a sí mismos y ponerse como meta que el doctorado sea la cima de la formación cristiana. Debe ser visto como el ámbito en donde aspiramos a la máxima excelencia en la preparación de líderes cristianos para el servicio.

Las instituciones que ofrecen el título de doctorado deben hacerlo con las motivaciones correctas. De la misma manera, los candidatos de los programas de doctorado deben llevarlos a cabo con las motivaciones correctas. Como ha escrito recientemente Andrew Walls:

> Es necesario comenzar con la distinción entre promover la erudición y producir doctorados. En todos los continentes ya hay suficientes personas con doctorado que no han aportado ni una jota a la erudición. No tiene sentido establecer fábricas en África y Asia, por más eficientes que sean, para entrenar en malabares doctorales a personas que no tienen ni la vocación por la erudición ni la pasión (porque menos que eso no da la talla) por su ejercicio. La vida académica es una vocación cristiana dentro de la misión de Dios al mundo; comparado con eso, ambicionar muchos doctorados es pura frivolidad.[2]

Procurar la excelencia en la realización de programas de doctorado significa que la institución debe ser una comunidad "de aprendizaje", no solo la comunidad en donde transcurre el aprendizaje. Quienes están involucrados en la educación cristiana siempre deben procurar hacerlo mejor; para ser más

---

2. Andrew Walls, "World Christianity, Theological Education and Scholarship," *Transformation*, Vol 28, no. 4 (2011): 235–240.

parecidos a Cristo en cómo se hacen las cosas y más bíblicos en sus principios rectores; y anhelar estándares cada vez más altos. Las instituciones siempre necesitan evaluar sus prácticas, enfrentar sus errores y aprender de ellos.

II. La naturaleza de la investigación

Tradicionalmente, la investigación se ha entendido como una averiguación o búsqueda original emprendida con el fin de obtener conocimiento y comprensión. Incluye la generación de ideas; el desarrollo de proyectos que conducen a percepciones nuevas o mejoradas; y el uso del conocimiento para producir materiales, procesos y diseños nuevos o mejorados. En su corazón está la erudición, que implica la creación, el desarrollo y el mantenimiento de la infraestructura intelectual de una materia o una disciplina.

Las habilidades medulares de la erudición son la *consolidación*, el *descubrimiento*, la *integración* y la *aplicación*.

- La **consolidación** se basa en la conciencia de la amplitud de la erudición existente previo al inicio de un proyecto, que es la base sobre la cual se lleva a cabo nuestra propia investigación. Requiere la comprensión, el análisis y la síntesis de la erudición previa y de sus implicaciones para el estudio y los contextos actuales.
- El **descubrimiento** implica el deseo de averiguar cosas nuevas, diseñar nuevos argumentos o explorar documentos y fuentes que no se han leído e investigado antes. Lo impulsa el deseo de comprender con más claridad un tema o un problema. El material anterior puede verse de una manera fresca.
- La **integración** fluye del descubrimiento. Implica trazar conexiones, construir puentes con el conocimiento actual y explorar las implicaciones. En algunos casos, este tipo de estudio puede llevar a nuevas hipótesis y conclusiones. En otros puede confirmar conclusiones existentes, aunque lo puede hacer de formas nuevas.
- La investigación debe **difundirse y aplicarse**. No solo debe considerar las áreas pertinentes para el debate académico actual; también debe estar al servicio de las necesidades de la comunidad cristiana en general. También debe estar conectada con las necesidades pedagógicas del seminario. De la investigación deben surgir enfoques

estimulantes, creativos y eficaces para la enseñanza y el aprendizaje, y para la difusión de los resultados de la investigación.

La investigación debe emocionar a los evangélicos, y debe ser cálidamente abrazada por su potencial

La investigación es parte de lo que significa amar a Dios con la mente (Mateo 22:37-40). El énfasis en lo "novedoso" no implica que la investigación necesariamente presente un desafío a la ortodoxia bíblica o confesional. La investigación puede verse legítimamente como una manera de crear nuevos paradigmas donde hacen falta, pero también como una forma de reforzar los paradigmas conocidos a partir de convicciones sobre la autoridad bíblica, una visión claramente cristiana del mundo y ortodoxias confesionales.

Los investigadores deben ser pioneros de nuevas formas de pensar, pero también deben ser renovadores y restauradores de los valores medulares del reino y de los componentes clave de la formación espiritual.

La investigación debe hacerse para la gloria de Dios

Los eruditos cristianos deben aprender a ser humildes y cautelosos con los hallazgos de su investigación. Su erudición será probada y evaluada por otros, y este proceso académico continuo debe ser bien recibido, aun cuando requiera una reevaluación de hallazgos anteriores.

Lo que motiva y orienta al investigador debe ser el deseo de glorificar a Dios a través de la investigación, como en cualquier otra parte del ministerio cristiano. Este proceso de búsqueda de un nuevo entendimiento debe estar acompañado por la oración. Solo Dios debe recibir todo el crédito por los conocimientos que brinda.

III. Principios clave para las mejores prácticas en la educación doctoral

1) Los estudios de doctorado llevados a cabo en un contexto evangélico deben tener como fundamento una comprensión verdaderamente cristiana del conocimiento y la sabiduría

Los programas de doctorado en instituciones teológicas evangélicas deben estar centrados en una filosofía genuinamente cristiana de la educación. Esto significa que los estudios de doctorado llevados a cabo en un seminario o una universidad evangélica tendrán el mismo rigor y los mismos estándares académicos que los de una universidad secular, pero estarán construidos sobre fundamentos diferentes. Esto se expresa al principio de los *Estándares de Beirut*. El conocimiento es más que simplemente llegar a poseer grandes cantidades de información —"En la Biblia, adquirir y practicar la sabiduría involucra la fe, la razón y la acción".

Los estudios de doctorado son, por tanto, un ejercicio de la fe, así como también un ejercicio de la mente. "El comienzo de la sabiduría es el temor del Señor" (Prov 9:10). Como indican los *Estándares de Beirut*, esta sabiduría requiere "creer lo correcto y estar comprometido con confiar en el Dios viviente".

Esto significa que la educación doctoral es confesional[3] 'se apoya en valores de fe personales y comunitarios. Esta base confesional provee los cimientos para la investigación, pero no por eso ha de imponer un límite a la investigación. Este ejercicio de fe no debe separarse del ejercicio de la mente. Como subrayan los *Estándares de Beirut*, requiere "emplear de manera creativa y humilde la racionalidad que Dios le ha concedido a los seres humanos creados a su imagen". Pensar profundamente acerca de las cosas de Dios es parte de lo que significa adorar —hemos de amar al Señor nuestro Dios con todo nuestro corazón, con toda nuestra alma y con toda muestra mente (Mateo 22:37). Es parte del ejercicio apropiado de las disciplinas espirituales.

Los estudios de doctorado deben entenderse de manera integral. Son una extensión, a otra dimensión, de la experiencia cristiana del candidato, y por ello requieren de integridad e integración.

---

3. Esto es 'confesión' con una 'c' minúscula, y no está limitada (NOTE) a una sola Confesión en particular.

Con estos principios en mente, la experiencia de la educación doctoral en un seminario teológico o una universidad cristiana será notablemente diferente a estudios similares en una institución secular. Un programa de doctorado debe ser tan académicamente excelente como cualquier programa ofrecido en una institución secular, pero debe combinarse con una comprensión integral del conocimiento y la sabiduría. Debe ofrecer, para la persona creyente, un contexto enriquecedor en donde se nutre conscientemente la excelencia en las disciplinas académicas y espirituales.

2) La educación doctoral en instituciones teológicas evangélicas debe tener a la Biblia como su fundamento

En las instituciones teológicas evangélicas la centralidad de la Palabra de Dios debe ser el punto de referencia para toda reflexión teológica. Eso no significa que la Biblia sea lo único que se estudia. Sin embargo, el estudio de la Biblia, como disciplina medular de la teología cristiana, debe permear todos los demás campos de estudio teológico y su aplicación. Esto lo expresa bien el *Compromiso de Ciudad del Cabo* (2010): "La educación teológica sirve *primero* para capacitar a quienes lideran a la Iglesia como pastores-maestros, equipándolos para enseñar la verdad de la Palabra de Dios con fidelidad, pertinencia y claridad y, *segundo*, para equipar a todo el pueblo de Dios para la tarea misional de entender y comunicar la verdad de Dios de forma pertinente en cada contexto cultural".[4]

Entonces, la educación doctoral en contextos evangélicos debe ser una dimensión de este objetivo mayor de equipar a los líderes cristianos para leer, interpretar y proclamar la Biblia con fidelidad 'como Pablo escribió del papel del obispo en Tito 1:9, "Debe apegarse a la palabra fiel, según la enseñanza que recibió, de modo que también pueda exhortar a otros con la sana doctrina y refutar a los que se opongan".[5]

---

4. *Compromiso de Ciudad del Cabo, El Llamado a la Acción*, sección F.4 (https://lausanne.org/es/statement/compromiso)

5. Ver también 2 Timoteo 4:1–2: "En presencia de Dios y de Cristo Jesús, que ha de venir en su reino y que juzgará a los vivos y a los muertos, te doy este solemne encargo: Predica la palabra; persiste en hacerlo, sea o no sea oportuno; corrige, reprende y anima con mucha paciencia"; 1 Timoteo 4:13: "dedícate a la lectura pública de las Escrituras, y a enseñar y animar"; Tito 1:9: "Debe [el obispo] apegarse a la palabra fiel, según la enseñanza que recibió, de modo que también pueda exhortar a otros con la sana doctrina y refutar a los que se opongan"; Tito 2:1: "predica lo que está de acuerdo con la sana doctrina."

Quienes toman las decisiones sobre la admisión de estudiantes a los programas de doctorado, y quienes evalúan las propuestas de investigación de los potenciales estudiantes, deben considerar esta dimensión, e impulsar a que los estudiantes mantengan este objetivo mayor en mente desde el principio, sin limitar la libertad académica que requiere el proceso de investigación.[6]

3) Los estudios de doctorado en las disciplinas teológicas deben ser misionales[7]

Como se expresa en los *Estándares de Beirut*, la educación doctoral en estudios teológicos debe ser diseñada para *"promover el reino de Dios y avanzar en la misión de la iglesia (tanto local como global)"*. La educación teológica es por sí misma un aspecto esencial de la misión; sirve a la misión de la iglesia en el mundo, tal como escribió Pablo en 2 Timoteo 2:2. "Lo que me has oído decir en presencia de muchos testigos, encomiéndalo a creyentes dignos de confianza, que a su vez estén capacitados para enseñar a otros".[8]

Ofrecer educación teológica de alta calidad a nivel de doctorado es también un aspecto del señorío de Cristo reflejado en todos los niveles de la educación teológica, en continuidad con 2 Corintios 10:4-5, "llevamos cautivo todo pensamiento para que obedezca a Cristo". La educación teológica en la tradición evangélica implica que comprende la misión como la academia 'porque dispone

---

6. Esto se debe fomentar aun en campos que no son directamente "bíblicos". Proyectos en los campos de la teología, la misiología, la historia de la iglesia y la teología práctica pueden plantear preguntas en torno a cómo la Biblia ha sido o es predicada, interpretada y puesta en práctica. El estudio de otras religiones se puede hacer con la motivación de equipar a los estudiantes para que relacionen el mensaje de la Biblia con otras comunidades de fe. Este componente de la reflexión bíblica puede impedir que los proyectos se vuelvan puramente filosóficos o antropológicos.

7. El adjetivo 'misional' no implica un enfoque exclusivo en el estudio de la misión como disciplina estrictamente definida. Se refiere, en cambio, a la orientación general del programa de doctorado, y se usa en su sentido integral. Para una comprensión más completa de lo 'misional', ver el *Compromiso de Ciudad de Cabo*; Christopher J. H. Wright *La misión de Dios* (Bs. As.: Certeza Unida, 2009); Samuel T. Logan, ed., *Reformed Means Missional: Following Jesus into the World* (Greensboro: New Growth Press, 2013).

8. Colosenses 1:28–29: "A este Cristo proclamamos, aconsejando y enseñando con toda sabiduría a todas las personas, para presentarlas completamente maduras en su unión con Cristo. Con este fin trabajo y lucho fortalecido por el poder de Cristo que obra en mí".

todos los recursos de los cristianos que trabajan en la comunidad académica para la tarea de la misión.[9]

Pero la educación teológica evangélica también tiene un rol misional en la academia 'en cuanto representa una voz distintivamente cristiana en la conversación académica global que necesita ser escuchada y tomada en cuenta. Los eruditos cristianos, tanto del Mundo Mayoritario como de Occidente, tienen una oportunidad única de relacionarse con, y moldear, las trayectorias actuales de la teología. La educación doctoral ayuda a equipar a los eruditos cristianos para llevar a cabo esta importante labor misional dentro de, y dirigida a, la academia, permitiéndoles aportar respuestas distintivas e intelectualmente creíbles a los debates clave desde una perspectiva evangélica. Las personas del Mundo Mayoritario que cuentan con estudios de doctorado tienen percepciones especiales y perspectivas culturales y teológicas que los eruditos de Occidente necesitan oír. Y viceversa.

La vocación o el llamado cristiano a ser educadores teológicos debe ser reconocido y honrado. Juan Calvino habló del papel del *doctor ecclesiae*, el Doctor de la Iglesia (Calvino, *Institución* 4:3). Andrew Walls nos recuerda que "La búsqueda de la vida académica es una vocación cristiana dentro de la misión de Dios al mundo". A fin de cuentas, en su justificación y motivación, los programas de doctorado deben ser misionales, provistos de la intención de contribuir a la extensión del reino de Dios en el mundo.[10]

4) *Los estudios de doctorado se deben realizar en comunidad*

Los programas de doctorado deben reconocer el importante papel que desempeña la comunidad en la formación de eruditos. Los programas de doctorado tradicionales percibían a un investigador individual trabajando con un solo supervisor o mentor. Este modelo a menudo fomentaba una sensación de aislamiento, soledad e individualismo. Los programas que están diseñados para producir no solo excelencia académica sino también formación espiritual genuina deben considerar cómo se crea una comunidad de aprendizaje de eruditos que apoya, alienta y reta a todos sus miembros. La creación de una

---

9. 2 Corintios 10:4–5: "Las armas con que luchamos no son del mundo, sino que tienen el poder divino para derribar fortalezas. Destruimos argumentos y toda altivez que se levanta contra el conocimiento de Dios, y llevamos cautivo todo pensamiento para que obedezca a Cristo".
10. Walls, "World Christianity".

comunidad de aprendizaje de apoyo mutuo debe ser un objetivo importante de los programas de doctorado, y representa un elemento significativo en la formación espiritual del erudito.[11]

Aunque la mayoría de los proyectos doctorales de investigación teológica son individuales, es mejor que se lleven a cabo en un contexto de comunidad, donde los estudiantes son solidarios y responsables unos ante otros. A menudo, los programas que inician con una serie de cursos académicos y un periodo de estudio en torno a coloquios o seminarios están mejor equipados para fomentar un sentido de comunidad que otros tipos de programas.

El aprendizaje desarrollado en comunidad y con un sentido de servicio mutuo reduce los peligros del individualismo y de la soledad que a menudo caracterizan los programas de doctorado. La comunidad académica es donde el estudiante de doctorado aprende la práctica de la revisión, la crítica y el diálogo académico *inter pares*. Es también donde forma las habilidades que conlleva ser un representante de la disciplina. Trabajar hacia la formación académica y espiritual en comunidad, y mediante el aprendizaje con cohortes [ya sea formalmente evaluado o no], debe ser alentado en la educación doctoral. Hay diversas formas en que los programas han logrado crear comunidad con éxito. Algunos han organizado seminarios periódicos de investigación (mensuales o con más frecuencia) en donde los estudiantes y la facultad presentan trabajos; otros convocan coloquios de investigación residenciales, anuales o cada dos años, de asistencia obligatoria para sus estudiantes de doctorado. Los ministerios de oración de apoyo mutuo, los grupos de estudio bíblico y las reuniones sociales para eruditos y estudiantes de doctorado son también eficaces para fomentar comunidad.

Los programas que se ofrecen 'a distancia', o con 'acceso flexible', deben ser creativos para fomentar un sentido de comunidad. Empleando tecnologías emergentes se puede crear una comunidad virtual, convocar seminarios de investigación y grupos de discusión, realizar debates en línea y desarrollar blogs compartidos.

Es importante que todos los miembros de la institución abracen los valores del aprendizaje y el apoyo comunitarios, tanto los estudiantes como los pro-

---

11. Hechos 2:42: "Se mantenían firmes en la enseñanza de los apóstoles, en la comunión, en el partimiento del pan y en la oración"; Hechos 17:11: "estuvieron muy dispuestos a recibir el mensaje y todos los días examinaban las Escrituras para ver si era verdad lo que se les anunciaba".

fesores y el resto del personal. Se deben realizar esfuerzos especiales para asegurar que los estudiantes no residenciales, a tiempo parcial y a distancia sean enteramente integrados en la comunidad de aprendizaje.

Los estudiantes de doctorado deben reconocer que este sentido de comunidad incluye su participación en la comunidad cristiana local. Se debe evitar cualquier sensación de desconexión entre el mundo académico y la iglesia local. Los estudios de doctorado se llevan a cabo para la mayor gloria de Dios y para servir a toda la iglesia. Los estudiantes de doctorado necesitan integrar su formación académica con la práctica fiel y diaria de las disciplinas espirituales y con la participación en la comunidad de la iglesia cristiana local.

5) *Los programas de doctorado deben permanecer conectados con otros programas afines que operan dentro de la comunidad educativa global*

A medida que la educación teológica evangélica crece en extensión y diversidad, aumenta la necesidad de contar con responsabilidad mutua, comparabilidad entre programas y convertibilidad de las cualificaciones académicas. Los programas deben procurar entender y articular una comprensión cristiana de la calidad y la excelencia, y no depender únicamente de las definiciones de las autoridades seculares y gubernamentales. Esto requiere una reflexión teológica seria para asegurar que la calidad se mida de maneras que respondan a las necesidades tanto de la comunidad académica como de las iglesias en su testimonio y servicio. Un paso significativo en esto ha sido el proceso doctoral de ICETE, que reunió a representantes de la comunidad académica teológica mundial, y a través del cual se produjeron los *Estándares de Beirut*.

Los programas de doctorado de la comunidad académica global necesitan aprender unos de otros sobre cómo desarrollar nuevos entendimientos de lo que es la excelencia en la realización de la educación doctoral. Esto implica tomar en cuenta las realidades de la vida de los académicos investigadores con sus diferentes estilos de aprendizaje, los posibles modos de transmitir los contenidos de los cursos y de implementar la supervisión, todo sin disminuir el requerimiento de que el doctorado siga siendo la cima del progreso académico. Se deben desarrollar asociaciones entre seminarios del Mundo Mayoritario y del resto del mundo que por un lado permitan formas flexibles de acceder a los mejores recursos y ponerlos al alcance de los programas del

Mundo Mayoritario, y por otro aporten conciencia y alcance global a los programas en Occidente. Dichas asociaciones deben basarse en el respeto y el apoyo mutuos, con el deseo genuino de mejorar los programas locales y sin la imposición de modelos dominantes provenientes de contextos externos. Los educadores teológicos de Occidente necesitan aprender con gracia y humildad de las mejores prácticas del Mundo Mayoritario.

Hacen falta asociaciones genuinamente globales, y no solo bilaterales, como ha observado Andrew Walls:

> Nuestro contexto actual nos llama a desarrollar relaciones multilaterales a nivel global, y la educación teológica tiene todas las de ganar con el desarrollo de interacciones entre África, Asia y América Latina. Incluso hay amplias similitudes en las problemáticas teológicas que surgen de las cosmovisiones de África, de los pueblos tribales de la India, Myanmar y Tailandia, de los pueblos de las montañas y los bosques de las Américas, y de los pueblos isleños del Pacífico, que deberían debatirse en un foro único y compartido, y no simplemente en términos regional.[12]

Esta conversación entre regiones del Sur Global es una parte clave de la creciente conversación teológica global, y asegura que los programas de doctorado individuales se mantengan conectados a la red académica global más amplia.

6) *Los programas de doctorado deben ser relevantes para su contexto*

Cada programa de doctorado reside en un entorno cultural y educativo local.

El contexto educativo local

Esta es una consideración importante para cualquier programa de doctorado, ya sea en el Mundo Mayoritario o en Occidente. Cumplir con los estándares del gobierno de la región 'en términos de acreditación o validación' es una cuestión vital. A medida que se ha afianzado el proceso de Bologna, los organismos gubernamentales del Mundo Mayoritario han tomado más y más en cuenta los estándares de Bologna 'y exigen estándares altos antes de validar o acreditar un programa. Otros toman en cuenta distintos estándares internacionales de

---

12. Walls, "World Christianity".

acreditación. Los programas de doctorado deben reflejar los estándares y las expectativas tanto nacionales como internacionales.

El contexto de la iglesia local

Los programas de doctorado deben estar al servicio de las necesidades de la comunidad eclesial como un aspecto del servicio transformativo. Las personas que serán equipadas para participar en la misión de Dios en el mundo necesitan ser preparadas mediante un aprendizaje que está arraigado en, y que responda a, la cultura y el contexto. La educación teológica debe equipar al pueblo de Dios "para la tarea misional de comprender y comunicar de manera pertinente la verdad de Dios en cada contexto cultural".[13]

Los estudiantes necesitan ser capaces de aplicar una cosmovisión cristocéntrica a las áreas del aprendizaje, la investigación y la escritura, para lograr que el conocimiento y la investigación sean fieles a la misión de Dios y que respondan a las necesidades tanto de la región local como del mundo.

Cada programa de doctorado debe ser sensible al contexto cultural local. Con diligencia se debe fomentar que las investigaciones se hagan en cuestiones relevantes para el contexto en que se llevan a cabo. Hacer teología en un contexto no significa que todo proyecto se vuelve un aspecto de la teología práctica. Por ejemplo, hay lugar para las habilidades avanzadas en hebreo, griego, exégesis bíblica y hermenéutica, que equipan a la facultad para poder enseñar a un nivel avanzado en esas áreas.[14]

Cuando se ayuda a los estudiantes a seleccionar sus temas de investigación, hay que animarles a hacerse la pregunta: ¿cómo está esto no solo al servicio de las necesidades de la erudición, sino también al servicio de las necesidades del contexto local? Hay que esforzarse por evitar un trasplante acrítico de teologías de otros contextos que no son relevantes o útiles en la situación local. Una investigación que es pertinente para el contexto puede tomar muchas formas. El contexto informa tanto las preguntas como las áreas exploradas por los estudiantes. Incluso temas que parecen ser puramente bíblicos y teológicos

---

13. *Compromiso de Ciudad del Cabo,* Sección 2:F.4 (https://lausanne.org/es/statement/compromiso).

14. Estos variarán considerablemente, pero cuando temas como la pobreza, el materialismo, la violencia, la falta de oportunidades educativas, la corrupción, el conflicto étnico, la hostilidad interreligiosa, o la injusticia se manifiestan en la vida cotidiana, se debe fomentar la investigación bíblicamente informada con el fin de equipar a las iglesias locales para saber cómo responder.

pueden surgir como respuestas a problemáticas del contexto. Es posible que las disciplinas más aplicadas (como la teología práctica o los estudios interculturales) brinden implicaciones más directas para el contexto, pero en todas las disciplinas la relevancia contextual debe desempeñar un papel, tanto en la investigación como en la motivación para la misma.

La educación teológica tiene que ser culturalmente sensible y contemporánea, sin perder su enfoque tradicional en las disciplinas medulares, es decir las Ciencias Bíblicas, la Teología, la Historia de la Iglesia, la Teología Sistemática, la Ética, la Misión y la Teología Pastoral.

Sin embargo, el aprendizaje no debe estar compartimentalizado. Es necesario reconocer el valor del estudio interdisciplinario y su aporte a la preparación de los estudiantes para las realidades complejas del ministerio público.

Los estudiantes deben tener una apreciación global de las perspectivas académicas sobre el tema de su investigación, y deben ser capaces de relacionar su trabajo con otros contextos. Pero además, a la disciplina central se le pueden sumar las riquezas del contexto local. Podría haber fuentes primarias locales que merecen ser investigadas. También, la experiencia de comunidades locales podría servir como herramienta hermenéutica y abrir nuevas perspectivas sobre los materiales bíblicos, teológicos, misiológicos e históricos, de maneras que no serían posibles con enfoques exclusivamente tomados de Occidente. Esto lo enfatiza Andrew Walls:

> África, Asia y América Latina primero deben convertirse en centros de pensamiento creativo, con líderes mundiales en las disciplinas bíblicas y teológicas… Por el bien de la iglesia cristiana de todo el mundo, África, toda Asia y América Latina, donde residen tantos cristianos, deben contribuir su parte correspondiente en lo teológico.[15]

7) Los programas de doctorado deben asegurar que los estudiantes son plenamente capaces de participar en el diálogo académico global

Es importante que los programas de doctorado familiaricen a los estudiantes con todas las tendencias y vanguardias del discurso académico global en los

---

15. Walls, "World Christianity", 238.

campos de investigación que hayan escogido. Esto les dará acceso a una gran amplitud de conocimientos, oportunidades de enriquecimiento y fertilización cruzada de ideas, además de respaldar la comparabilidad internacional de sus logros.

Los estudiantes deben tener acceso a toda la gama de literatura global en su disciplina escogida. Esto debe reflejarse en la biblioteca y en los recursos electrónicos a los que tienen acceso.

- Es particularmente valioso cuando los programas de doctorado organizan que los estudiantes lleven a cabo una parte del programa en un entorno académico fuera de su propio contexto regional, en donde los recursos de aprendizaje son especialmente fuertes. Ello ofrece un acceso más amplio a los recursos bibliotecarios y archivísticos. Además provee una riqueza de exposición a las investigaciones de otros académicos y a una mayor gama de la conversación académica global. Se debe fomentar que los estudiantes de doctorado, tanto del Mundo Mayoritario como de Occidente, tengan experiencias de investigación fuera de su contexto inmediato.
- También se les debe alentar a que aprovechen las oportunidades para presentar y discutir sus trabajos de investigación *inter pares* 'con otros estudiantes de doctorado', así como en conferencias regionales, nacionales e internacionales de su campo de estudio.
- Los programas de doctorado deben procurar que sus estudiantes de doctorado se familiaricen con una variedad de perspectivas académicas y eruditos que están a la vanguardia de la investigación académica a nivel global. Esto se puede facilitar mediante invitaciones a especialistas académicos internacionales para que participen en conferencias de investigación, dicten módulos de seminarios, y se involucren como segundos supervisores, segundos lectores de tesis y examinadores externos.

8) *Los programas de doctorado deben asegurar que haya integración entre la formación de habilidades académicas y la formación espiritual*

Los programas de doctorado deben ayudar a que los estudiantes reconozcan la conexión entre la investigación y la formación espiritual. Esto significa que los estudiantes de doctorado deben buscar la ayuda de Dios en todos los aspectos de su vida y su educación.

Se deben producir eruditos capaces de integrar la excelencia académica y la espiritual, que se comprometan con el objetivo superior de la transformación de todo el pueblo de Dios a la imagen de Cristo y su misión en el mundo. Los programas de doctorado deben producir investigadores que sean fieles a la Palabra de Dios y a las exigencias de su disciplina; y también maestros teológicos que demuestren una espiritualidad que impacta en el corazón, las manos y la mente.

Diseño del programa

Los programas de doctorado deben construirse de tal manera que se evite cualquier separación entre la disciplina académica y el resto de la vida, algo que muy a menudo caracteriza a los estudios avanzados.

La práctica de la investigación

En la investigación doctoral, los estudiantes deben practicar las disciplinas cristianas activamente y en todos los aspectos de su trabajo. Deben aprender a tratar las fuentes con cuidado, grabando y representándolas con fidelidad. La integridad en el manejo de la propiedad intelectual y de la argumentación de otros es parte del compromiso cristiano con la veracidad. El respeto a los interlocutores académicos es un aspecto del amor al prójimo y a las disciplinas afines.

En tanto que los programas de doctorado deben esforzarse por la excelencia académica, también deben estar arraigados en la necesidad absoluta de la humildad y la total dependencia de Dios. La inteligencia humana autónoma 'sin depender de Dios' puesta al servicio de la búsqueda de conocimiento, no honra a Dios. Los estudiantes de doctorado deben buscar la ayuda de Dios en todos los aspectos de su vida y su educación.

La conexión entre la formación espiritual y la investigación debe demostrarse en la relación de supervisión/tutoría. Los supervisores de los proyectos de investigación académica deben comprometerse de manera personal con ser ejemplos y promotores de la excelencia académica y de su integración con la formación espiritual.

Los supervisores deben ser ejemplo y modelo, e inculcar valores como:

- la honestidad y el rigor intelectual
- un compromiso con la verdad dondequiera que conduzca

- una humilde disposición a reconocer errores, malentendidos, prejuicios y presupuestos, y a valorar su corrección
- un compromiso con que la investigación demuestre coherencia ética e intelectual
- una dedicación a servir a la iglesia con su propio talento académico y a través del desarrollo del talento de sus estudiantes

La oración del Apóstol Pablo por los Filipenses también podría aplicarse al erudito cristiano: "Esto es lo que pido en oración: que el amor de ustedes abunde cada vez más **en conocimiento y en buen juicio**. Así podrán discernir lo que es mejor y ser puros e irreprochables para el día de Cristo; llenos del fruto de justicia que se produce por medio de Jesucristo, para gloria y alabanza de Dios" (Fil 1:9-11).

9) Los programas de doctorado deben equipar a los estudiantes para el liderazgo cristiano y el ministerio de la enseñanza

Los programas de doctorado deben fomentar la integración del pensamiento, el aprendizaje y la acción. Deben equipar a los estudiantes con las habilidades específicas de su disciplina académica, pero también con habilidades para la autogestión del aprendizaje, que los preparará para una vida de investigación independiente. Para el liderazgo académico es esencial contar con una excelente capacidad para el juicio crítico. Cuando los programas están diseñados con el objetivo de equipar a los estudiantes para la enseñanza y el liderazgo académico, se debe procurar que la capacitación en estas áreas esté integrada dentro de su estructura.

A lo largo de sus estudios de doctorado, los estudiantes necesitan aprender sobre las habilidades de comunicación y administración, la gestión de proyectos, la gestión del tiempo, la colaboración y el trabajo en equipo, todos componentes clave del trabajo académico.

Cuando el objetivo explícito es la preparación de eruditos para la educación teológica, entonces los cursos sobre enseñanza, administración y liderazgo académicos se pueden integrar en la estructura del programa de doctorado. Programas que incluyen componentes de experiencia práctica con mentores experimentados resultan particularmente exitosos. Equipar a los estudiantes de doctorado para poner en práctica el conocimiento académico que han adquirido en los contextos de enseñanza y liderazgo es un aspecto importante de la formación de eruditos.

Los estudiantes de doctorado necesitan desarrollar las habilidades que les permitirán integrarse y funcionar bien como miembros de la comunidad académica u organización cristiana donde enseñarán o liderarán en el futuro. Necesitan aprender cómo construir y mantener relaciones de confianza con sus colegas, cómo comprometerse a trabajar por la mejora de la institución, cómo responder a las necesidades de las iglesias a las que sirven y, además, cómo sostener su propio desarrollo académico.

10) Los programas de doctorado deben fomentar la integración del conocimiento

Toda verdad es de Dios y le pertenece, y no está limitada por las fronteras tradicionales que separan las disciplinas académicas. La integración del conocimiento refleja el Señorío de Cristo sobre toda la realidad.

Los estudios de doctorado deben promover el conocimiento profundo y el rigor intelectual, pero también deben crear en los estudiantes la capacidad de integrar lo que aprenden. Los estudiantes deben aprender a encontrar líneas de conexión más amplias entre disciplinas. Deben ser capaces de integrar la erudición de vanguardia con su propia investigación, y relacionar esto con su propio contexto. Necesitan ser capaces de integrar los hallazgos de sus investigaciones con los resultados de la formación teológica que sirve a la preparación de futuros líderes cristianos.

11) Los programas de doctorado deben tener estructuras académicas que funcionan bien

Los programas de doctorado exitosos no solo necesitan buenos supervisores y buenos estudiantes. Necesitan existir dentro de una estructura académica más amplia que les apoya y que funciona bien. Los estudiantes de doctorado solo deben ser admitidos a un entorno donde se ofrece apoyo para aprender sobre la investigación y llevarla a cabo, donde la investigación ya se está llevando a cabo, y donde existe una cultura de investigación.

Lamentablemente, la experiencia de los estudiantes de doctorado a veces se echa a perder por procesos y estructuras académicas que no funcionan bien. Cuando el proceso académico y la estructura no favorecen la experiencia de los estudiantes de doctorado, están fallando en su servicio a la comunidad cristiana más amplia y no honran a Dios. En las universidades y seminarios de Occidente, así como en las del Mundo Mayoritario, hay ocasiones en que los comités de supervisión se retrasan durante meses. A veces la información sobre los resultados académicos y el avance en los estudios no se les comunica a los estudiantes por largos períodos. Los retrasos en la convocatoria de una junta examinadora son particularmente frustrantes cuando un estudiante está listo para defender su tesis. También es frustrante para un estudiante cuando es aceptado a un programa de doctorado y se entera que su supervisor/mentor se ha tomado una licencia de estudio por muchos meses. Las mejores prácticas aseguran la existencia de las estructuras y los procesos adecuados para abordar ágilmente cualquier contingencia.

La excelencia significa establecer acuerdos que sean eficaces para mantener las normas académicas adecuadas y fortalecer la calidad de los programas de investigación de posgrado, programas que han sido diseñados para cumplir con las normas nacionales e internacionales.

Recursos

Llevar adelante un programa de doctorado requiere de muchos recursos (tiempo de la facultad, recursos de la biblioteca, apoyo administrativo), y solo se debe emprender si estos recursos pueden ser mantenidos a un alto nivel de calidad a lo largo de toda la duración del programa.

No es una buena práctica académica iniciar y ejecutar un programa que no cuenta con los recursos adecuados para ser sostenible. Tampoco es justo para los estudiantes, ni honra a Dios.

Estructuras y reglamento

Las instituciones con programas de doctorado deben crear y sostener las estructuras y los procedimientos adecuados para mantener los estándares académicos y mejorar la calidad de los programas de investigación de posgrado. Al diseñar los programas, hay que prestarle mucha atención a desarrollar procesos académicos bien estructurados. Los programas deben tener la validación/acreditación nacional apropiada, además de mantener relaciones con organismos externos como las asociaciones regionales de ICETE. Deben cumplir con todos los requisitos de estas agencias externas.

La estructura y el éxito de los programas de doctorado se deben medir según indicadores y objetivos apropiados, tanto internos como externos.

Para cada programa de doctorado se debe elaborar un reglamento institucional claro y de fácil obtención, y debe ser comunicado periódicamente a los estudiantes y a los miembros de la facultad. Este se debe complementar con acceso a asesoramiento en diferentes campos temáticos.

El reglamento de las mejores prácticas para la realización de programas de doctorado debe formar parte de las normativas institucionales e incluirse en los manuales de los cursos académicos. Estos se deben poner a disposición de todos los estudiantes y miembros de la facultad que están involucrados en dichos programas, y se deben implementar de manera uniforme.

La provisión de miembros de la facultad
Es importante asegurar que haya un número apropiado de miembros de la facultad calificados para impartir y sostener los programas de doctorado a lo largo del ciclo de cada cohorte. Esto incluye proveer un apoyo administrativo adecuado.

Los profesores adjuntos que colaboren como docentes en los programas de doctorado deben estar debidamente cualificados, y deben recibir la orientación y formación completas para llevar a cabo su función en el programa. Los profesores visitantes deben entender el contexto en el que han sido invitados a enseñar, los propósitos y valores específicos del programa al que van a contribuir, y reflejar esto en su enseñanza e interacción con los estudiantes.

Los programas de doctorado siempre deben esforzarse por usar las mejores prácticas para su realización; regularmente deben evaluar los mecanismos apropiados y brindar capacitación para la facultad. Quienes administran los programas deben evaluar continuamente cuáles son las mejores formas de aprender, incluyendo los modelos no formales y no tradicionales, y deben desarrollar enfoques que garanticen la excelencia académica de los programas de doctorado que ofrecen.

Esto supone la capacitación periódica de la facultad académica y la presencia constante de una comunidad de profesionales académicos que saben reflexionar juntos.

La progresión de habilidades y su justificación
Cada elemento de un programa de doctorado debe tener una justificación claramente desarrollada y debe servir un propósito preciso en el desarrollo de las habilidades para el estudio a nivel de doctorado. Cuando se incluyen componentes o elementos no evaluados en un programa de doctorado, deben ser diseñados para consolidar y potenciar habilidades que son requeridas por el componente de investigación del programa.

Estructuras Académicas

Las instituciones deben crear y mantener estructuras académicas claras y bien desarrolladas para la realización de los programas de doctorado, incluyendo el establecimiento de un comité (o varios) para la supervisión de los programas y la toma de decisiones. Su composición debe ser definida por la institución. Los términos de referencia y las líneas de responsabilidad deben estar claramente establecidas dentro de la estructura organizativa. Las minutas e informes deberán estar disponibles para revisión por parte del liderazgo académico de la institución y de los organismos externos de acreditación. En lo posible, los comités de doctorado deben incluir representación tanto estudiantil como externa. Las decisiones sobre la progresión y la continuidad de los estudiantes no deben recaer sobre una única persona.

Los programas de doctorado deben contar con procedimientos archivísticos robustos. Estos deben tener un alcance adecuado, mantenerse de forma legible, actualizarse regularmente y archivarse con las provisiones apropiadas para asegurar su conservación.

12) *Los programas de doctorado deben tener procesos bien desarrollados para la selección y admisión de estudiantes*

Durante el proceso de elaboración de los *Estándares de Beirut* hubo mucha discusión sobre los tipos de estudiantes que las instituciones evangélicas deben admitir a sus programas de doctorado. Se decidió que debían aplicarse criterios más que exclusivamente académicos. El doctorado es una etapa de formación vital para los roles de liderazgo cristiano, por lo que en la admisión debe prestarse atención a la identidad cristiana del candidato y la evidencia de su madurez espiritual. Esto se refleja en el Preámbulo de los *Estándares de Beirut*.

- Las personas admitidas a un programa de doctorado en una institución educativa cristiana deben ser miembros de una iglesia, reconocidas por su discipulado fiel y su liderazgo maduro, y comprometidas con la practica de un servicio transformador tanto en la iglesia como en la sociedad.

Criterios académicos de admisión

Los programas de doctorado necesitan asegurarse que solo admiten estudiantes que, en sus estudios anteriores, han demostrado las habilidades necesarias para tener éxito a nivel de doctorado. Permitir que estudiantes con poca probabilidad de éxito entren a un programa de doctorado no es justo para los estudiantes ni es buena administración de los recursos financieros y académicos de la institución.

Las competencias requeridas para tener éxito a nivel de doctorado normalmente son evidenciadas por un alto grado de éxito en un programa de maestría 'reconocido y validado' en un campo de estudio relacionado con el área prevista de investigación.

Además, los estudiantes que son admitidos a un programa de doctorado necesitan demostrar que son capaces de desarrollar y aplicar ideas en un contexto de investigación en su área prevista de especialización, y que tienen las habilidades para avanzar con sus estudios de manera autónoma o autodirigida.

- Los programas de doctorado pueden requerir que los aspirantes demuestren competencias adicionales acordes con la naturaleza del programa, como conocimientos de idiomas bíblicos y excelente dominio del idioma (o los idiomas) en que se desarrolla el programa.
- Debido a la integración entre competencias académicas y profesionales en los programas de doctorado profesional, los aspirantes necesitan demostrar su competencia profesional previa. Esto se evidencia con un período especificado de experiencia ministerial completado luego de la finalización de sus estudios teológicos de grado más recientes. Si la persona tiene amplia experiencia vital en el ámbito ministerial, se puede tomar en cuenta para reducir este período mínimo.[16]
- Normalmente los programas de doctorado proveen oportunidades para que los estudiantes cumplan un período de prueba (por lo general al menos un año), al final del cual se concede o no la permanencia en el programa. Cuando se deniega la progresión, se puede otorgar un grado inferior en reconocimiento del trabajo realizado.

Política de admisión y procedimientos

Debe quedar claro, tanto para los aspirantes como para los miembros de la facultad, quiénes son elegibles para acceder a los estudios de doctorado, y debe haber transparencia en la toma de decisiones.

---

16. Normalmente se indica un mínimo de tres años de experiencia.

- La política de admisión de la institución debe ser clara y estar públicamente disponible. Debe ser aplicada de manera uniforme y demostrar la igualdad de oportunidades.
- Las decisiones de admisión deben involucrar al menos dos miembros de la facultad académica de la institución, quienes deben haber recibido la capacitación, la orientación y el asesoramiento adecuados en relación con los procedimientos de selección y admisión. Esto evita cualquier sugerencia o indicio de que algún aspirante ha obtenido una ventaja injusta, o que se le ha denegado injustamente la admisión. Con un proceso de toma de decisiones claramente definido, la institución puede asegurarse que las políticas de admisión se aplican de manera justa y equitativa, y que se mantienen los más altos estándares.
- Es importante proveerle a los aspirantes la información relevante para cada etapa del proceso de admisión, y comunicarles las decisiones de forma clara y sin demora.

La candidatura al componente de tesis/disertación de los programas de doctorado

- Los estudiantes deben progresar a través de las diferentes etapas del programa de doctorado mediante un proceso debidamente establecido. Deben crearse mecanismos de revisión periódica y establecerse con claridad los criterios de referencia que informan la toma de decisiones acerca del progreso. El componente de tesis/disertación de un doctorado requiere la demostración del más alto nivel de habilidades. Solo debe admitirse un estudiante a la candidatura para el componente de tesis/disertación de un programa de doctorado luego de qu haya recibido capacitación en los métodos de investigación y haya producido un trabajo escrito 'basado en una investigación sustancial' de al menos 10 000 palabras.[17]

---

17. Ejemplos de este tipo de proyecto basado en la investigación incluyen una tesis/disertación de maestría/posgrado, o una propuesta extendida de investigación/tesis. Este trabajo debe demostrar que el candidato tiene las habilidades necesarias para tener éxito a nivel de doctorado.

13) Los programas de doctorado deben asegurar la provisión de los recursos de estudio e investigación adecuados para el nivel de estudio

Ya que los programas de doctorado representan el nivel académico más alto, deben estar equipados con los más altos niveles de infraestructura y recursos académicos. Esto abarca los recursos de la biblioteca (libros y recursos electrónicos), los sistemas tecnológicos y la provisión de espacios adecuados de estudio (salas, cubículos, etc.).

La biblioteca es la pieza central de la infraestructura académica que requiere un programa de doctorado. Es necesario que disponga de suficientes recursos, y los miembros senior del personal de la biblioteca deben ser parte de la toma de decisiones sobre la gestación y el mantenimiento de los programas de doctorado. Los fondos bibliográficos y documentales de una institución que está gestando, o que ya ofrece, un programa de doctorado deben ser de un tamaño y una calidad adecuados a las necesidades del programa; deben incluir material académico de alto nivel en el idioma de instrucción, y en otros idiomas según corresponda. Si la institución que ofrece el programa de doctorado es parte de una institución más grande que cuenta con una gran colección bibliográfica o puede garantizar a sus estudiantes un acceso irrestricto a extensos recursos locales, entonces puede ser menor la inversión en materiales impresos para la biblioteca. Sin embargo, el acceso a una biblioteca de alta calidad debe estar asegurado en todo momento. Cuando las instituciones aceptan estudiantes que estudiarán "a distancia" (de forma completa o parcial) con modelos de aprendizaje distribuidos o en línea, deben cerciorarse de que tendrán acceso adecuado, a través de sus programas de doctorado, a una biblioteca del tamaño y la calidad apropiadas y a otros recursos de aprendizaje necesarios para el estudio a nivel de doctorado.

No se puede medir la idoneidad de los fondos bibliográficos con solo la cantidad de libros en su colección. Los materiales disponibles deben incluir publicaciones a la vanguardia del discurso académico actual y publicaciones líderes en la investigación de los campos en que se ofrece supervisión doctoral.

El financiamiento de la biblioteca

El montaje de una biblioteca de alta calidad requiere una inversión estratégica a largo plazo. Si el financiamiento de la biblioteca se reduce, aun por un período corto, puede llevar muchos años volver a lograr el nivel previo de su colección.

En vista de la posición estratégica que ocupa la biblioteca en la creación de un entorno de aprendizaje e investigación, se trata de un falso ahorro. Para protegerse contra esta eventualidad, las instituciones con programas de doctorado deben definir un monto mínimo de sus ingresos operativos anuales que apartarán para las adquisiciones de la biblioteca y la mejora de sus recursos digitales. Esta cifra debe estar firmemente garantizada.[18] El liderazgo de la institución debe definir también una cifra para adquisiciones adicionales en cada campo específico de estudios de doctorado.[19]

El tamaño y la calidad de la colección de la biblioteca

A fin de proveer una base adecuada para la investigación de su facultad y sus estudiantes, las instituciones que ofrecen programas de doctorado deben montar una biblioteca que sea lo suficientemente grande, en número de tomos y en alcance, como para respaldar trabajos de investigación de alto nivel.[20] La colección de libros impresos se debe complementar con recursos en formato electrónico, pero la institución necesita asegurase que el acceso para los estudiantes sea fácil y ágil. Los libros electrónicos que cuentan con acceso permanente pueden ser incluidos en el número total de obras que se considera adecuado para un programa de doctorado.

Además, se deben mantener vigentes las suscripciones a las principales revistas académicas arbitradas para los campos en que se ofrecen los programas de doctorado. Así los estudiantes podrían demostrar dónde caben sus investigaciones en relación con las últimas investigaciones en su disciplina.[21] Esto puede incluir revistas disponibles en bases de datos en línea a las que se suscribe la institución, aunque claramente es importante mantener dichas suscripciones una vez establecidas. No debe privilegiarse la cantidad a expensas de mantener

---

18. Como mínimo el 5% del ingreso operativo anual de la institución. El cálculo debe incluir como ingresos los salarios donados por miembros extranjeros de la facultad.
19. Los lineamientos de revisión del programa de doctorado de ACTEA sugieren un mínimo de USD $1000 al año para las adquisiciones en cada campo de estudio especificado.
20. Para una institución que implementa un programa de doctorado, su biblioteca debe contener por lo menos 40 000 tomos de material actualizado y orientado a la investigación. En instituciones que tienen una colección más pequeña se considera como mínimo una colección inicial de 25 000 tomos, pero dentro de los cinco años de iniciarse dicho programa de doctorado, se debe lograr el total de 40 000.
21. Los estudiantes de doctorado deben poder acceder por lo menos a 100 revistas en las disciplinas teológicas.

la calidad de manera consistente.[22] Se debe evitar adquirir revistas y libros que no estén al nivel académico apropiado. Los fondos bibliográficos de una biblioteca donde se llevan a cabo investigaciones deben demostrar amplitud tanto como concentración respecto a los temas abarcados, las orientaciones teológicas apropiadas y los niveles académicos adecuados.[23] Para asegurar que la investigación sea pertinente para el contexto, se debe prestar atención considerable a la adquisición de materiales que reflejen la situación geográfica y cultural de la institución, y las áreas de estudio que allí se enseñan. La colección de referencia y las revistas suscritas deben reflejar una mezcla similar de amplitud general y concentración en temas específicos.

Préstamos: privilegios y responsabilidades

A fin de apoyar a los estudiantes de doctorado en sus investigaciones, se les debe brindar derechos adicionales tanto para los servicios de préstamo de materiales impresos locales como para los préstamos interbibliotecarios.

Es inusual que una sola biblioteca, aun en una institución grande, tenga suficiente tamaño como para proveer todos los recursos que necesitan todos los estudiantes de doctorado. Por eso las bibliotecas deben asegurar que los estudiantes de doctorado y los miembros de la facultad que investigan activamente también tengan acceso a la variedad de recursos disponibles en las bibliotecas académicas locales, regionales y nacionales, y en los más prestigiosos centros de educación teológica y de otras disciplinas. Esto incluye el acceso a las bibliotecas universitarias locales y a bibliotecas regionales y nacionales; en lo posible, se deben obtener los permisos necesarios para acceder a los servicios de préstamo en dichas entidades.

Es importante que las bibliotecas de instituciones teológicas tomen las medidas necesarias a fin de proveer servicios de préstamo interbibliotecario para sus estudiantes. También deben proveer, en sus propias instalaciones, acceso en línea a colecciones clave que no están *in situ*. Cuando la biblioteca no cuenta con estas medidas para complementar los fondos bibliográficos *in*

---

22. Deben eliminarse de la colección las obras superficiales e irrelevantes, y no deben incluirse en el conteo inicial de base de los 40 000 tomos.

23. La biblioteca debe contar con al menos 2000 tomos enfocados especialmente a cada campo de doctorado especificado, incluyendo una proporción sustancial de los materiales de referencia y las principales obras y revistas académicos (incluyendo una colección de números anteriores) para tales campos.

situ, deberá ampliar sustancialmente su colección de libros y revistas en las áreas de especialización.

Otros asuntos clave:

(a) Además de responder a las necesidades inmediatas de sus estudiantes de investigación, una biblioteca debe servir como un centro de recursos donde se pueden llevar a cabo investigaciones sobre temas específicos de relevancia particular para el contexto local. Las bibliotecas deben establecer y mantener colecciones adecuadas de archivos y fuentes primarias a partir de las cuales se pueden realizar ese tipo de investigaciones. Algunas instituciones evangélicas ya están desarrollando colecciones especiales compuestas de recursos específicamente relacionados con sus respectivas regiones.

(b) A fin de facilitar que los investigadores puedan acceder a sus colecciones, las bibliotecas deben contar con el personal adecuado para asegurar que tanto el funcionamiento como el mantenimiento sean eficientes y óptimos. El personal de la biblioteca debe incluir miembros con las cualificaciones apropiadas en bibliotecología y con comprensión de las disciplinas teológicas.

(c) Para aprovechar plenamente los recursos disponibles, los estudiantes deben recibir una inducción adecuada y capacitaciones periódicas para actualizarles sobre el uso de los recursos impresos y electrónicos de la biblioteca. Se les debe suministrar información pertinente sobre salud, seguridad y cuestiones legales, además de materiales acerca del almacenamiento y uso de la información, y la normativa sobre los derechos de autor.

(d) Los materiales de la biblioteca deben estar catalogados con un sistema de clasificación reconocido internacionalmente, y los catálogos deben estar disponibles y accesibles en formato electrónico.

(e) Las bibliotecas deben asegurarse de mantener horarios de servicio propicios para las horas de trabajo de los estudiantes de investigación.

(f) Las instalaciones y los procedimientos de la biblioteca deben ser los adecuados para preservar los fondos bibliográficos contra los peligros relacionados con el clima y los insectos.

(g) Dado que la investigación de los estudiantes de doctorado es más amplia en términos de duración y amplitud, el entorno físico en el que trabajan debe ser propicio para el estudio de alto nivel. La disposición de espacios de estudio asignados, con facilidades para almacenar materiales de investigación de forma segura dentro de la biblioteca (o adyacente a ella), mejora en gran medida la experiencia de investigación de los estudiantes. Esto es parte de lo que se espera que provean las instituciones donde se llevan a cabo estudios de doctorado.

Recursos de tecnología e información

Debido al auge de recursos a menudo solo disponibles electrónicamente, las bibliotecas deben asegurar el acceso de alta calidad a estos recursos electrónicos y a los recursos basados en Internet, y necesitan proveerlo a niveles adecuados para la investigación avanzada e intensiva. Los estudiantes de investigación deben tener acceso a equipos informáticos con una buena conexión a Internet (estable y de banda ancha) que permita correo electrónico, búsquedas en Internet, acceso a bases de datos y revistas electrónicas y la descarga de materiales de investigación. El acceso a Internet para los estudiantes de investigación debe ser libre y de alta calidad, y los estudiantes deben recibir capacitación en el uso de los recursos disponibles.

Además de contar con recursos informáticos de alta calidad, la biblioteca debe estar equipada para el fácil copiado y escaneado de materiales de investigación, a fin de que los estudiantes puedan acceder cómodamente a una amplia gama de materiales y almacenarlos en forma recuperable para su uso futuro.

14) *Los programas de doctorado deben tener procesos administrativos y financieros eficaces*

Los estudiantes de doctorado sufren de ansiedad cuando los procesos financieros no funcionan bien, cuando hay incertidumbre en torno a los aranceles o retrasos en la concesión de becas o en la disponibilidad de los fondos depositados por sus patrocinadores.

Aunque la supervisión y las instalaciones sean buenas, fácilmente pueden ser desvirtuadas si hay deficiencias en las oficinas de finanzas o registro, o en los procesos administrativos. Cuando hay complejidades y/o retrasos en estas áreas, eso puede obstaculizar el progreso investigativo de los estudiantes, y perjudicar sobremanera su experiencia académica. La excelencia debe reflejarse en todos los niveles y en todas las dimensiones de la institución.

Aranceles

- Las cuotas estudiantiles para los programas de doctorado deben publicarse abiertamente todos los años, junto con una descripción de todas las demás tasas y aranceles que los estudiantes deben pagar.
- Las cuotas estudiantiles deben revisarse regularmente, para asegurar su correlación con las necesidades financieras de la institución y las capacidades económicas de los estudiantes y sus patrocinadores. Sin embargo, una vez que un estudiante es admitido a un programa, la cuota estudiantil anual y otros aranceles no deben ser sometidos a aumentos inesperados que le harían imposible completar su curso de estudio.

Ayuda financiera para los estudiantes

- A muchos estudiantes les resulta difícil afrontar el alto costo que implica realizar estudios de doctorado por largos períodos de tiempo. Las instituciones deben esforzarse por ofrecer becas o subsidios para quienes cuentan con las cualificaciones académicas necesarias para dichos estudios, pero que serían excluidos por su situación económica desfavorable.
- Los programas de beca deben ser administrados en conformidad con los procedimientos escritos. Las decisiones se deben tomar a partir de deliberaciones grupales y no deben estar en manos de una única persona. Se deben mantener registros formales (actas) de las deliberaciones y las medidas adoptadas para asegurar una adecuada rendición de cuentas.
- Cuando hay becas disponibles, todos los estudiantes elegibles deben poder solicitarlas. Además, las oportunidades de becas ofrecidas por organismos externos se deben dar a conocer entre los estudiantes elegibles.

15) Los programas de doctorado deben contar con los componentes apropiados de inducción y capacitación

Para los estudiantes puede ser muy difícil la transición desde programas donde el estudio ha sido mediante cursos y evaluaciones académicas a programas basados en la investigación. Algunos han tenido pocas experiencias de aprendizaje autónomo y el estudio independiente les es difícil. Proveer niveles apropiados de asesoramiento y apoyo académico a los estudiantes de doctorado, tanto al principio como a lo largo de sus programas, es equiparlos para que tengan éxito en sus estudios.

Al inicio de un programa de doctorado se debe ofrecer un programa de inducción para los nuevos estudiantes que refleje las necesidades específicas de los estudiantes de doctorado y presente información pertinente sobre la institución, sus programas, los códigos de conducta y las responsabilidades de los estudiantes, las instalaciones a las que pueden acceder y asuntos de salud y seguridad. La información clave también debe proveerse por escrito en un manual de doctorado. Luego de la inducción inicial y periódicamente a lo largo del programa de doctorado, se deben proveer otras oportunidades de capacitación en investigación para que los estudiantes desarrollen de manera progresiva sus habilidades investigativas y profesionales.

Esta formación en habilidades de investigación debe abarcar temas como:

i. Comprender cómo es el aprendizaje a nivel de doctorado

ii. Metodología de investigación, desarrollo de habilidades de epistemología, metanálisis y reflexión

iii. Desarrollo de habilidades analíticas y sintéticas; formulación de preguntas de investigación

iv. Habilidades de comunicación escrita para el contexto académico (y para fuera del contexto académico)

v. Ética de la investigación y acercamientos a investigaciones con humanos

vi. La comprensión cristiana de la investigación y la educación doctoral, incluyendo el papel de la investigación dentro del reino de Dios

vii. Habilidades discursivas y de presentación oral,

- cómo presentar trabajos de investigación,
- cómo discutir los hallazgos de otros investigadores

viii. Habilidades informáticas y tecnológicas

ix. Habilidades bibliográficas

x. Uso de recursos electrónicos y materiales en línea

xi. Planificación de proyectos y gestión del tiempo

xii. Gestión y mantenimiento de documentos y archivos

También se debe incluir capacitación en otras habilidades que aportan al desarrollo profesional y el liderazgo en la educación teológica, incluyendo:

i. Participación en seminarios, talleres y conferencias académicas

ii. Preparación para exámenes

iii. Desarrollo personal y profesional, y planificación para futuros empleos

iv. Uso de la cualificación doctoral después de haberla completado. Esto debe incluir,

- Presentación de ponencias y habilidades docentes (pedagogía, andragogía)

- Administración académica

- La vida después del doctorado 'investigación, redacción, integración de la investigación en curso con el servicio para el Reino de Dios

- La erudición como vocación para toda la vida

- Educación teológica y misión

- Escribir para publicar

16) Solo se deben nombrar supervisores/mentores/asesores de tesis que estén bien cualificados y bien capacitados[24]

La supervisión de los estudiantes de doctorado en instituciones teológicas evangélicas es un rol clave. Es primeramente un rol académico, pero también abarca ciertos aspectos que tienen una dimensión pastoral, aunque esto no debe interferir con las responsabilidades académicas primarias. Para hacer esto, quienes cumplen este rol deben ser docentes establecidos y líderes cristianos maduros. Deben poder orientar y modelar los patrones de una erudición cristiana piadosa. También deben estar comprometidos con la formación académica y espiritual de las personas que supervisan.

Personal de supervisión

- Los supervisores de doctorado deben tener buena reputación tanto en la comunidad académica cristiana como en la iglesia local
- Deben poder brindar apoyo académico y demostrar una adecuada sensibilidad pastoral al estudiante y sus necesidades. Cuando la institución así lo requiera, estarán dispuestos a firmar su declaración de fe o base confesional
- Deben haber demostrado la capacidad de integrar la excelencia académica y la espiritual
- Deben estar debidamente cualificados y contar con la experiencia, las habilidades y los conocimientos necesarios para apoyar, capacitar y supervisar a los estudiantes de investigación que les sean asignados.
- Los supervisores o mentores de candidatos al doctorado, como miembros de la facultad, deben tener oportunidades periódicas para su desarrollo y capacitación.
- La actividad investigativa nutre la buena supervisión académica, por lo que los supervisores de investigación deben mantenerse actualizados a nivel académico e investigativo como parte de sus actividades de desarrollo como miembros de la facultad.

---

24. En Europa, el Reino Unido y algunos programas del Mundo Mayoritario se usa el término 'supervisor'. En otros contextos geográficos se usa "mentor" o "asesor de tesis". Estos deben entenderse como términos equivalentes y deben incluirse los puntos fuertes de cada sistema.

Principios y mejores prácticas para los Programas de Doctorado

- Para evitar confusión sobre lo que se espera de la relación de supervisión, las instituciones deben asegurarse de comunicar a los supervisores y a los estudiantes cuáles son las responsabilidades de los supervisores de investigación, y deben hacerlo con claridad y de forma escrita.
- La cualificación del supervisor primario de una tesis o disertación doctoral debe ser por lo menos del nivel de doctorado en el área temática del estudiante al cual supervisa. Debe haber obtenido su doctorado en investigación en el campo en que el estudiante de doctorado pretende investigar. Debe tener experiencia supervisando investigaciones independientes, y debe haber enseñado por varios años. Un supervisor debe ser experto y tener conocimientos académicos actualizados en áreas que coincidan estrechamente con la investigación pretendida por el estudiante de doctorado. La prueba de ello se medirá en término de publicaciones recientes y actividad investigativa. Lo ideal es que las instituciones tengan entre su facultad a supervisores que hayan obtenido su doctorado en diversas instituciones académicas.
- La relación estudiante-supervisor es clave para el éxito del estudiante. La asignación de estudiantes a los supervisores debe ser una decisión institucional, pero debe hacerse en consulta con el estudiante y el supervisor previsto. La institución debe señalarle al estudiante que le es beneficioso identificar lo más temprano posible el probable supervisor de la tesis/disertación que pretende desarrollar.

Equipos de supervisión

- Cada estudiante que emprende el componente de tesis/disertación de un programa de doctorado debe tener como mínimo un supervisor principal, pero él o ella normalmente debe formar parte de un equipo de supervisión. Esto asegura al estudiante el acceso a la mejor gama de especializaciones. Además, los supervisores deben estar disponibles para apoyar al estudiante si un miembro del equipo está de licencia o no puede ofrecer ayuda por un período de tiempo. Dentro del equipo de supervisión siempre debe haber un punto de contacto claramente identificado para el estudiante. Normalmente,

el supervisor principal debe ser miembro de la facultad académica de la institución que ofrece el programa de doctorado.
- Cuando el tema de una tesis/disertación es claramente interdisciplinario, la institución debe formar un equipo de supervisión compuesto de personas cuyas especializaciones temáticas coincidan con las necesidades del tema de investigación.
- Los equipos de supervisión pueden incluir supervisores secundarios que no estén doctorados. Tales personas deben ser profesores con amplia experiencia a nivel de posgrado y con conocimiento profundo y actualizado de su especialidad. Su tarea es apoyar el trabajo del supervisor principal.
- Los equipos de supervisión también pueden incluir miembros de otras instituciones académicas, pero estas personas deben tener las cualificaciones académicas apropiadas y experiencia investigativa actual. También deben demostrar simpatía con los objetivos y el ethos de la institución que ofrece el programa de doctorado.

Acuerdos de supervisión

Los detalles de la relación de supervisión se negocian directamente entre el supervisor y el estudiante, pero los programas de doctorado deben contar con lineamientos apropiados que establecen la frecuencia normal y la duración esperada de las sesiones de supervisión. Esto evita malentendidos sobre el nivel de apoyo disponible y crea expectativas realistas.[25]

Informes de supervisión

Durante la fase de investigación de sus programas, los estudiantes de doctorado a menudo sienten incertidumbre en cuanto a su progreso, y eso puede crearles inseguridad y frustración. Para ayudar a que los estudiantes avancen en un programa, las instituciones deben tener mecanismos claramente definidos para monitorear y apoyar el progreso de los estudiantes, incluyendo revisiones formales y fases explícitas de revisión. Estos mecanismos, que involucrarán a supervisores y estudiantes por igual, aseguran que se están siguiendo los estándares apropiados y que las expectativas establecidas son realistas. Debe

---

25. Normalmente, los estudiantes de tiempo completo esperan reunirse con sus supervisores por lo menos una vez cada dos meses: para estudiantes a tiempo parcial sería tres veces al año. Cuando la distancia es un factor limitante, las reuniones presenciales se pueden complementar con otros formatos como videoconferencia, Skype, etc.

haber asesoramiento para los estudiantes, los supervisores y otros que estén involucrados en el seguimiento del progreso y el proceso habitual de revisión. Es importante mantener un registro adecuado de las reuniones y de los resultados de las revisiones.

- Normalmente el progreso de los estudiantes de doctorado se debe monitorear formalmente por lo menos cada seis meses o, para estudiantes a tiempo parcial, una vez por año. La forma que toman estas revisiones debe ser tal que pueda abarcar la retroalimentación de los estudiantes respecto de la calidad de la supervisión que han recibido.
- La naturaleza y los requisitos de cada etapa explícita de revisión se deben comunicar con claridad, por escrito y por adelantado a los estudiantes, los supervisores y los demás involucrados en las revisiones de progreso. Es importante que los estudiantes sean informados de forma expedita y por escrito de los resultados de las revisiones formales y las etapas de su progreso a fin de que no sufran incertidumbre o ansiedad indebidas acerca de su estatus dentro del programa.
- Las instituciones que ofrecen programas de doctorado deben contar con mecanismos apropiados para responder a las expresiones formales e informales de retroalimentación de los estudiantes sobre la supervisión, incluyendo mecanismos oficiales para la presentación y el manejo de quejas. En caso de disputas que no se pueden resolver, debe haber provisiones para apelar a una instancia final que sea neutral y externa a la institución, y que entienda el proceso académico.

Desarrollo profesional del personal de supervisión

A muchos supervisores se les pide asumir su rol sin ningún entrenamiento formal ni preparación para llevarlo a cabo. Sin embargo, siendo tan importante una buena supervisión para el éxito del trabajo de investigación, las instituciones que ofrecen programas de doctorado deben establecer oportunidades apropiadas para el desarrollo de la facultad y proveer capacitación para los supervisores doctorales.

Además, las instituciones deben facilitar, como parte de las actividades de desarrollo de su facultad, que los profesores que fungen como supervisores de doctorado se mantengan actualizados a nivel académico e investigativo. Evidencia de este nivel de actualización se debe demostrar mediante la publicación de materiales académicos apropiados 'como libros, informes de investigación y artículos sobre su área temática en revistas académicas' y la participación y presentación de trabajos en conferencias académicas. Esto no es fácil para muchos que están ocupados en roles de docencia académica. La tarea de los profesores de mantenerse actualizados debe ser apoyada por las instituciones mediante la provisión de días de estudio y períodos sabáticos libres de responsabilidades docentes y administrativas.

17) *Los programas de investigación doctoral solo deben ofrecerse en donde existe una cultura de investigación y un entorno institucional que la apoya y sustenta*

Solo se deben implementar programas de doctorado dónde se haya establecido una cultura de investigación, y donde se impulsa la investigación. Este es el contexto idóneo para el aprendizaje basado en la investigación.

- Significa que la institución que lleva a cabo un programa de doctorado debe valorar las ideas, el pensamiento creativo, la actividad investigativa y la difusión (publicación). No solo los estudiantes, también la facultad de supervisión, deben tener oportunidades regulares para participar en investigaciones. Debe haber oportunidades para que los estudiantes de doctorado participen en el debate académico a nivel *inter pares*. Se debe impulsar la divulgación 'publicación' del trabajo investigativo y la participación en conferencias.

Una cultura institucional de investigación con estas cualidades normalmente incluye:

- La provisión de una inducción y orientación formal para los estudiantes que ingresan a los programas de doctorado y una capacitación continua en los métodos y las habilidades de investigación, reconociendo que la formación de doctorado y la formación de habilidades de investigación son parte de un proceso educativo.
- Seminarios de posgrado regulares (una frecuencia mensual sería lo normal) donde los estudiantes pueden presentar su trabajo y escuchar presentaciones académicas de profesores e investigadores visitantes y de su grupo de pares. Si no se realizan *in situ* estos semi-

narios, la institución debe contar con las instalaciones adecuadas para llevarlos a cabo en formatos electrónicos o virtuales.[26]
- Las instituciones que ofrecen programas de doctorado académicos deben demostrar un patrón de compromiso e involucramiento con la red académica internacional de nivel de doctorado a fin de proveer oportunidades para ampliar y enriquecer el aprendizaje, para el intercambio y la fertilización cruzada de ideas y para la comparabilidad internacional de sus programas. Esto puede incluir: facilitarles a los estudiantes de doctorado un periodo de residencia fuera de su propio contexto nacional durante su programa de doctorado; ayudarles a asistir a conferencias y a participar en el debate académico internacional con sus pares de otras instituciones.

18) *El tamaño y la estructura de los programas de doctorado deben ser apropiados para el nivel más alto de estudio académico*

Cuando los estudiantes comienzan un programa de doctorado necesitan conocer las expectativas en cuanto a la duración del programa y el tiempo que requiere. El tiempo de estudio requerido debe ser realista para los estudiantes, especialmente si estudian a tiempo parcial mientras se dedican a otra forma de ministerio, o cuando la investigación se combina con la práctica ministerial, como en el Doctorado Profesional. Los estudiantes también necesitan saber la cantidad de trabajo escrito que se espera de ellos y cómo tendrán que entregarlo.

Las instituciones deben definir los periodos máximos de matriculación para los programas de doctorado, tanto para los estudiantes de tiempo completo como para los de tiempo parcial.[27]

---

26. Algunas instituciones han tenido éxito con coloquios de investigación de toda una semana en donde presentan los estudiantes y participan supervisores y académicos invitados.

27. Para programas de doctorado que incluyen un componente inicial impartido y exámenes (por ejemplo, cursos académicos y exámenes de candidatura), el período máximo de matriculación para el programa entero será de ocho años para estudiantes a tiempo completo y diez años si es a tiempo parcial. Para programas de doctorado que son evaluados solamente mediante una tesis/disertación basada en una investigación, la matriculación máxima normal es de cinco años para un programa a tiempo completo y nueve años para un programa a tiempo parcial.

El período mínimo normal para otorgar un doctorado es de tres años de estudio a tiempo completo. Para estudio a tiempo parcial, el período mínimo normal es de seis años.[28]

Tesis/Disertación

La tesis o disertación en un programa de doctorado es un proyecto académico que comprende un esfuerzo escrito extenso basado en un trabajo de investigación.

El propósito de la tesis es mostrar el dominio del estudiante sobre el conocimiento y la erudición en el campo en que ha realizado su investigación. Está diseñada para demostrar las habilidades de análisis y evaluación de ideas y argumentos. La tesis debe contener el argumento independiente del estudiante, documentado a partir de sus propios hallazgos de investigación y de la literatura académica secundaria. El argumento de la tesis debe ser presentado de manera consistente, bien estructurada y bien razonada, y se deben evaluar sus fortalezas. El trabajo debe presentarse a un nivel académico que merezca ser publicado de forma total o parcial.

Siendo la tesis uno de los componentes principales del doctorado, las instituciones deben definir los límites máximos y mínimos de palabras de dicho trabajo escrito. Estos límites se deben comunicar claramente a los estudiantes en el reglamento y en los lineamientos escritos.[29]

---

28. Para estudio a tiempo completo normalmente se calculan 1500–1800 horas de estudio por año para programas de doctorado de investigación. Para estudio a tiempo parcial el cálculo es proporcional. Muchos estudiantes a tiempo parcial combinan sus estudios con otros trabajos ministeriales, pero deben asegurarse de disponer del tiempo suficiente para dedicarse a sus estudios de forma regular a lo largo de todo el año. La institución también debe garantizar que esta disposición sea acatada de forma segura, y los estudiantes deben asegurarse de acordar con sus empleadores los permisos para apartar el tiempo requerido por sus estudios. Los doctorados a tiempo parcial se pueden completar con éxito, pero no los doctorados a "tiempo libre", al menos no adecuadamente.

Un programa de doctorado profesional normalmente comprenderá un total de por lo menos 2700 horas de estudio formal, además de la práctica profesional continua.

29. El límite normal de número de palabras para la tesis/disertación de un doctorado de investigación es de entre 75 000 y 100 000 palabras (o un número equivalente de páginas según el formato especificado). Las estipulaciones en cuanto a si este total incluye las notas a pie de página, la bibliografía y los apéndices se deben indicar en el reglamento y los lineamientos del programa.

El límite normal de número de palabras para el componente de tesis/disertación en un doctorado profesional es de entre 50 000 y 75 000 palabras (o un número equivalente de páginas en el formato especificado). Junto con los trabajos escritos que requieren los componentes impartidos de un doctorado profesional, el número total de palabras (o páginas

Cualquier requisito en cuanto a la presentación y el formato de la tesis/disertación de doctorado (incluyendo normas de estilo y reglas para citas y referencias) se debe comunicar claramente a los estudiantes en el reglamento y en los lineamientos escritos, al inicio de sus programas de doctorado. También debe incluirse orientación sobre el idioma, o idiomas, que se puede(n) usar en la presentación de la tesis/disertación, y si se deberán incluir traducciones de componentes escritos en otros idiomas.

19) *Las instituciones deben disponer de un código de ética académica e investigativa*

La excelencia en el área de la ética académica e investigativa es parte de nuestro llamado cristiano a demostrar excelencia en todos los aspectos de la vida. Para mantener los estándares académicos mundiales es esencial tener altos estándares de ética académica e investigativa. Como lo expresa la *Declaración de Singapur* de 2010 sobre la integridad de la investigación: "Aunque existan diferencias entre países y entre disciplinas en el modo de organizar y llevar a cabo las investigaciones, existen también principios y responsabilidades profesionales que son fundamentales para la integridad en la investigación, donde sea que esta se realice".

Hay declaraciones similares sobre ética investigativa en el Código Europeo de Conducta para la Integridad de la Investigación (2011).

La *Declaración de Singapur* establece catorce principios clave para la integridad de la investigación:[30]

i. **Integridad**: Los investigadores deben hacerse responsables de la honradez de sus investigaciones.

---

equivalentes) que un estudiante debe presentar será similar a los de un programa de doctorado de investigación. Las estipulaciones en cuanto a si este total incluye las notas a pie de página, la bibliografía y los apéndices se deben indicar en el reglamento y los lineamientos del programa.

30. El documento "Singapore Statement on Research Integrity" fue desarrollado en la 2a Conferencia Mundial de Integridad Investigativa (World Conference on Research Integrity, 21-24 de Julio, 2010, en Singapur), como una guía global para la conducta investigativa responsable. No es un documento regulador ni representa las políticas oficiales de los países y organizaciones que financiaron y/o participaron en la conferencia (www.singaporestatement.org). [N.E. en este sitio web hay traducciones al español y a otras lenguas]

ii. Las **normas y políticas** relacionadas con la investigación se deben cumplir con esmero.

iii. **Métodos de investigación**: Implica emplear métodos de investigación adecuados, basando las conclusiones en un análisis crítico de la evidencia, e informar de los resultados e interpretaciones de manera completa y objetiva.

iv. **Documentación de la investigación**: se debe mantener una documentación clara y precisa de todo lo investigado, de manera que los resultados puedan ser reproducidos y verificados por otros.

v. **Resultados de la investigación**: los datos y resultados se deben compartir de forma abierta y prontamente.

vi. **Autoría**: los investigadores deben asumir la responsabilidad por sus contribuciones a todas las publicaciones, solicitudes de financiamiento, informes y otras presentaciones de su investigación.

vii. **Reconocimientos en publicaciones**: los investigadores deben mencionar en sus publicaciones los nombres y las funciones de las personas que hicieron aportes significativos a la investigación, incluyendo redactores, patrocinadores y otros.

viii. **Revisión por pares**: al evaluar el trabajo de otros, los investigadores deben brindar evaluaciones imparciales, rigurosas y sin demora.

ix. **Conflictos de intereses**: los investigadores deben dar a conocer cualquier conflicto de intereses, ya sea económico o de otra índole, que pudiera comprometer la confiabilidad de su trabajo (tanto su trabajo investigativo como su trabajo escrito).

x. **Comunicación pública**: al participar en debates públicos acerca de la aplicación e importancia de los resultados de su investigación, los investigadores deben limitar sus comentarios profesionales a las áreas

---

Se puede leer una declaración completa sobre ética e integridad de la investigación en el Código Europeo de Conducta para la Integridad de la Investigación, elaborada por la Fundación Europea de la Ciencia (ESF, por su sigla en inglés) y la Federación Europea de Academias Nacionales de Ciencias y Humanidades (ALLEA), en marzo de 2011.

de especialización en las que son reconocidos, y deben hacer una clara distinción entre comentarios profesionales y opiniones basadas en perspectivas personales.

xi. ***Denuncia de prácticas irresponsables en la investigación***: los investigadores deben informar a las autoridades correspondientes acerca de cualquier sospecha de conducta inapropiada en la investigación, como la falsificación, la fabricación de datos, el plagio y otras prácticas irresponsables que comprometan su confiabilidad, como la negligencia, el listado incorrecto de autores, la omisión de datos contradictorios, o el uso de métodos analíticos engañosos.

xii. ***Respuesta a prácticas irresponsables en la investigación***: las instituciones de investigación, las revistas, organizaciones y agencias profesionales involucradas en apoyar la investigación académica deben contar con procedimientos para responder a acusaciones de falta de ética u otras prácticas irresponsables en la investigación, y para proteger a aquellos que de buena fe denuncien tal comportamiento. De confirmarse una conducta de investigación indebida, deben tomarse las acciones apropiadas con prontitud, incluyendo la corrección de la documentación de la investigación.

xiii. ***Ambiente para la investigación***: las instituciones de investigación deben crear y mantener entornos con condiciones que promuevan la integridad a través de educación apropiada, políticas claras y estándares razonables para el avance de la investigación.

xiv. ***Consideraciones sociales***: Los investigadores y las instituciones de investigación deben reconocer que tienen la obligación ética de sopesar los beneficios sociales respecto de los riesgos inherentes a su trabajo.

Plagio

El reglamento institucional y los lineamientos del programa deben establecer con claridad que todo material fuente necesita ser reconocido y referenciado por completo. También se debe definir la forma en que dichas referencias serán presentadas. El plagio no solo refleja debilidades académicas, también delata fallas morales y espirituales. Las advertencias contra el plagio deben resaltarse en el reglamento institucional y en los lineamientos del programa, junto con detalles de las sanciones a ser impuestas si el plagio es detectado en una tesis/disertación de doctorado.

Permisos

Toda orientación sobre el material que se permite, o que no se permite, incluir en una tesis/disertación (por ejemplo, material de trabajos previamente publicados por el estudiante) debe ser comunicada con claridad a los estudiantes en el reglamento y en los lineamientos escritos del programa, al inicio de sus programas de doctorado.

Se deben obtener los permisos correspondientes para el uso de información personal, o datos de los sujetos de investigación. Los códigos de ética investigativa deben cumplirse para cualquier material que involucre sujetos de investigación humanos.

20) Cuando el programa de doctorado incluye componentes impartidos, estos deben contar con una clara justificación y deben estar diseñados para construir habilidades

Algunos programas de doctorado incluyen cursos académicos como parte de su fase inicial. Estos pueden ser de valor para consolidar la comprensión y abrir posibles áreas de investigación para el futuro. Deben diseñarse con una justificación clara para que construyan conocimiento y habilidades y sean parte de la preparación para el proyecto final de investigación.

- Cuando los programas de doctorado incluyen una combinación de cursos impartidos e investigación dirigida, estos componentes deben ser diseñados para equipar al estudiante con un dominio sustancial del material temático, la teoría, la bibliografía, la investigación, y la metodología correspondientes a una porción significativa del campo de especialización.
- Los cursos impartidos deben tener como objetivos: desarrollar la capacidad del estudiante para pensar de manera independiente y hacer una contribución creativa en su campo de estudio, y equiparlos con una comprensión minuciosa y a la vez plena de los campos afines relevantes para una labor efectiva en su propio campo. De esta manera construyen las habilidades para el proyecto de investigación mayor.

- Los métodos de evaluación orales y/o escritos (por ejemplo, los exámenes de candidatura deben diseñarse para desarrollar la capacidad de pensamiento crítico, las habilidades evaluativas y el pensamiento independiente y creativo requeridos para el proyecto de investigación (el componente principal del doctorado).
- Los cursos impartidos deben construir las habilidades que requieren los estudiantes de doctorado para llevar a cabo un importante esfuerzo de investigación académica y redactar un extenso trabajo escrito, y para una vida futura de aprendizaje independiente.

21) *Las evaluaciones y los exámenes en los programas de doctorado deben ser apropiados para el nivel más alto de trabajo académico*

En su ponencia "Abordando la brecha norte-sur" dictada en la trienal de ICETE (2006) en Chiang Mai, Chris Wright dijo: "No le hará ningún favor al mundo de la erudición y la educación teológica evangélicas si se inflan las oportunidades a nivel de doctorado inundando el mercado con cursos y galardones de calidad inferior. Estamos dispuestos a invertir en la calidad a largo plazo y en la excelencia contextual. Aquí es donde ICETE puede desempeñar un papel importante, buscando que todas sus partes constitutivas se responsabilicen mutua y conjuntamente en esta área".[31]

Los *Estándares de Beirut* se desarrollaron con esta intención de crear declaraciones de alta calidad, acordadas internacionalmente, en cuanto a cómo debe ser el doctorado y qué habilidades deben demostrar los que obtienen tal grado académico. Al evaluar una tesis/disertación de doctorado, los examinadores deben preguntar: "Si esta tesis doctoral fuera presentada para ser examinada en otro lugar del mundo, ¿se le otorgaría el título de doctorado?"

La excelencia en el componente de exámenes del doctorado implica garantizar que los estudiantes estén bien preparados para estos exámenes. Significa contar con examinadores debidamente cualificados que son líderes en su campo. El componente de exámenes debe tener un proceso claramente establecido y una estructura informativa para garantizar que se llevan a cabo

---

31. Chris Wright, "Addressing the North-South Divide", presentado en la conferencia trienal de ICETE, Chiang Mai, 2006.

correctamente. Se necesita una comprensión correcta del nivel de logros requerido y de cómo deben medirse.

El contexto puede moldear la forma en que se examina. Algunos programas se diseñarán con un examen público en mente; otros incluirán un examen privado con solo los examinadores presentes. El número de integrantes del panel examinador puede variar. Algunos exámenes pueden prescindir de un componente oral; en otros contextos este componente tendrá un papel central en el proceso. Sea cual sea la situación, la excelencia debe demostrarse en el nivel del otorgamiento del título, y debe quedar demostrado que el trabajo examinado alcanza los mismos estándares que el trabajo producido por otros candidatos de doctorado exitosos a nivel nacional e internacional. Los estándares de evaluación y todos los procesos deben ser transparentes y justos.

a) Preparación

Las instituciones deben proveer capacitación y asesoramiento a los estudiantes durante sus programas de doctorado para asegurarse de que están adecuadamente preparados para el componente de exámenes de su tesis/disertación. Esto incluye la experiencia de discutir y defender su trabajo con confianza ante sus pares académicos. Esta experiencia se puede adquirir aprovechando las oportunidades que hay para presentar trabajos en seminarios de postgrado, conferencias académicas, eventos de ensayo (*pre-viva*), etc.

b) Progreso

Los criterios para progresar dentro de las diferentes etapas de un programa de doctorado deben estar claramente establecidos en el reglamento del programa, y deben comunicarse a los estudiantes y a los supervisores.

El lugar y el propósito de los componentes evaluados mediante exámenes escritos en las primeras fases del programa de doctorado, como los exámenes de candidatura, y su relación con el ofrecimiento final de un título de doctorado, deben explicarse claramente en el reglamento del programa.

c) Los exámenes

Las instituciones que otorgan títulos de doctorado deben disponer de normas institucionales claras para la realización de los exámenes.

Los exámenes de programas de investigación deben realizarse dentro de un plazo razonable, normalmente dentro de los tres meses siguientes a la entrega final de la tesis/disertación. Los criterios para evaluar los grados de doctorado también deben ser claros y fácilmente accesibles para los estudiantes, la facultad académica y los examinadores.

En la mayoría de los casos, el examen de una tesis doctoral/disertación incluye un componente oral (la defensa) en el que los candidatos tienen la oportunidad de discutir y ser interrogados en persona sobre los detalles de su trabajo. Los examinadores también deben tener la oportunidad de confirmar y asegurarse que el trabajo es propio del candidato. En los casos en que el examen de tesis/disertación tiene un componente oral, se deben establecer lineamientos claros para su conducción, y estos deben incluirse en los documentos del programa. Cuando la distancia es un factor limitante para los examinadores o los candidatos, es posible llevar a cabo un examen por teléfono o por medios electrónicos/videoconferencia, siempre y cuando el desempeño del candidato no se vea perjudicado por el uso de estos medios.

Las instituciones deben garantizar que los exámenes de doctorado sean moderados de forma adecuada y que se lleven a cabo con la imparcialidad y el rigor académico apropiados. Los procedimientos de evaluación deben ser claros, acatados de manera rigurosa y aplicados de forma consistente y justa.

Los examinadores deben entender claramente cuál es su rol en el proceso de examen de doctorado, y cómo han de llegar a decisiones finales sobre el otorgamiento del título académico. La institución debe disponer de lineamientos y procedimientos claros para cuando existan desacuerdos entre los examinadores respecto al resultado de un examen de doctorado.

Debe haber estructuras informativas plenamente desarrolladas, incluyendo oportunidades para que los examinadores individuales comenten, y la documentación debe estar disponible para los examinadores. Los formularios para los informes de los examinadores deben indicar claramente los criterios según los cuales se está examinando al candidato. Deben incluir los tipos de criterios establecidos en los *Estándares de Beirut*.

d) Resultado

Se debe comunicar con claridad, a los candidatos y a los examinadores, cuáles son los posibles resultados de un examen de doctorado, y los criterios para cada resultado deben establecerse en forma escrita. Los resultados de los exámenes deben ser comunicados a los candidatos por los examinadores, a la brevedad y tanto en forma oral como por escrito, con claras instrucciones y consejos en cuanto a cualquier revisión de tesis/disertación que se requiera.

Las instituciones que ofrecen títulos de doctorado con diferentes clasificaciones (por ejemplo, *cum laude, magna cum laude*), deben tener criterios plenamente desarrollados para los diferentes niveles, y estos criterios deben estar a disposición de los estudiantes y los examinadores.

e) Los examinadores

Las instituciones deben establecer procedimientos que describan la composición, el nombramiento y las responsabilidades de los paneles examinadores que evaluarán las tesis doctorales.

Las instituciones deben garantizar que los paneles examinadores para títulos de doctorado estén compuestos por miembros con competencias que aseguren una equivalencia de los estándares del sector de enseñanza superior/ universitaria a nivel nacional e internacional. Por esta razón, las instituciones deben contar con procesos de evaluación para títulos de doctorado que normalmente incluyen una representación externa en los paneles examinadores.[32]

Las instituciones deben asegurarse que estos paneles estén compuestos por examinadores debidamente cualificados. Normalmente, todos los integrantes habrán obtenido su título de doctorado de un programa de investigación, y estarán activamente involucrados en actividades investigativas. Los examinadores externos nombrados a un panel examinador deben: contar con los conocimientos especializados requeridos; ser académicos con prestigio internacional; estar activamente involucrados en actividades investigativas; y contar con publicaciones importantes y actuales en el campo que se está examinando.

Cuando los exámenes de doctorado se llevan a cabo en contextos académicos evangélicos, la institución debe asegurarse que los paneles examinadores estén compuestos por miembros que tengan: un entendimiento de la perspectiva teológica de la institución y del candidato; y la capacidad de garantizar que la tesis/disertación en sí sea examinada puramente según sus méritos académicos.

Conforme a la buena ética académica, los examinadores deben declarar al principio cualquier interés personal en el candidato. Si planean contratar al candidato o publicar con el candidato, o si tienen o han tenido alguna relación

---

32. Un examinador externo es alguien que no es empleado regular de la institución donde se ha llevado a cabo la investigación doctoral, y que no ha participado en la supervisión del estudiante de investigación.

cercana (personal o familiar) con el candidato, normalmente no deben formar parte del panel examinador.

Los paneles examinadores para los doctorados profesionales deben incluir: miembros con conocimientos del campo específico adquiridos mediante un doctorado basado en investigación en el área temática; miembros con doctorados profesionales; y miembros que tienen amplia experiencia como practicantes reflexivos y que son líderes profesionales experimentados en el campo.

f) Comunicación del resultado de los exámenes

Normalmente, cuando el resultado de los exámenes es confirmado por un comité de titulación superior dentro de la institución, cualquier decisión comunicada por el panel examinador es provisional. Las instituciones deben disponer de políticas claras sobre la relación entre el panel examinador y el órgano superior que confirma la titulación, y de un reglamento para resolver disputas. Las instituciones deben asegurarse que estos procesos funcionen sin contratiempos, y que las decisiones se comuniquen prontamente al candidato.

Global Hub for Evangelical Theological Education

ICETE es una comunidad global, patrocinada por nueve redes regionales de instituciones teológicas, dedicada a fomentar la interacción y colaboración internacional entre todos aquellos que intervienen en el fortalecimiento y el desarrollo de la educación teológica evangélica y del liderazgo cristiano alrededor del mundo.

El propósito de ICETE es:
1. Promover el mejoramiento de la educación teológica evangélica alrededor del mundo.
2. Servir como foro para la interacción, asociación y colaboración entre quienes intervienen en la educación teológica evangélica y en el desarrollo de liderazgo evangélico, para su mutua asistencia, estimulación y enriquecimiento.
3. Ofrecer servicios de apoyo y asesoramiento para asociaciones regionales de instituciones evangélicas de educación teológica alrededor del mundo.
4. Facilitar, para las redes regionales, la promoción de sus servicios entre las instituciones evangélicas de educación teológica dentro de sus regiones.

Las asociaciones patrocinadoras incluyen:

África: Association for Christian Theological Education in Africa (ACTEA)

Asia: Asia Theological Association (ATA)

Caribe: Caribbean Evangelical Theological Association (CETA)

Europa: European Evangelical Accrediting Association (EEAA)

Euro-Asia: Euro-Asian Accrediting Association (E-AAA)

América Latina: Asociación Evangélica de Educación Teológica en América Latina (AETAL)

Medio Oriente y Norte de África: Middle East Association for Theological Education (MEATE)

América del Norte: Association for Biblical Higher Education (ABHE)

Pacífico Sur: South Pacific Association of Evangelical Colleges (SPAEC)

www.icete-edu.org

Langham Literature y sus sellos editoriales son parte del ministerio de Langham Partnership.

Langham Partnership es un comunidad global que trabaja para actualizar la visión que el Señor confió a su fundador John Stott – la visión de

facilitar el crecimiento de la iglesia en madurez y en semejanza al carácter de Cristo por medio de la mejora de los estándares de la predicación y la enseñanza bíblicas.

Nuestra visión es que las iglesias del mundo mayoritario sean equipadas para la misión y crezcan hacia la madurez en Cristo por medio del ministerio de pastores y líderes que creen, enseñan y viven de acuerdo a la Palabra de Dios.

Nuestra misión es fortalecer el ministerio de la Palabra de Dios:
- fortaleciendo movimientos nacionales de predicación bíblica
- favoreciendo la creación y distribución de literatura evangélica
- elevando el nivel de la educación teológica evangélica, especialmente en países donde las iglesias carecen de recursos.

Nuestro ministerio

Langham Preaching se asocia con líderes nacionales que estimulan movimientos locales de predicación bíblica para pastores y predicadores laicos en el mundo entero. Con el apoyo de un equipo de capacitadores provenientes de diversos países, se desarrolla un programa de talleres a diversos niveles que proveen capacitación práctica, seguido de un programa que busca formar facilitadores locales. Los grupos locales de predicación (escuelas de expositores), que son redes nacionales y regionales, se encargan de dar continuidad a los programas y de impulsar su desarrollo con el fin de construir un movimiento sólido y comprometido con la exposición bíblica.

Langham Literature provee a los pastores, académicos y seminarios del mundo mayoritario libros evangélicos y recursos electrónicos mediante su publicación y distribución, y por medio de becas y descuentos. El programa también auspicia la producción de literatura evangélica autóctona en diversos idiomas mediante becas para escritores, con apoyos para casas editoriales evangélicas, y por medio de la inversión en proyectos importantes de literatura en las regiones, como por ejemplo los comentarios bíblicos a un solo volumen como el *Africa Bible Commentary* (Comentario Bíblico Africano) y el *South Asia Bible Commentary* (Comentario Bíblico del Sureste Asiático).

Langham Scholars provee respaldo económico para estudiantes evangélicos del mundo mayoritario a nivel doctorado, de modo que, cuando regresen a su país de origen, puedan formar a pastores y a otros líderes cristianos por medio de la enseñanza bíblica y teológica. Este programa forma a los que más adelante formarán a otros. Langham Scholars también trabaja en colaboración con seminarios del mundo mayoritario para fortalecer la educación teológica evangélica. Un número creciente de becados de Langham estudia programas doctorales de alta calidad en instituciones del mundo mayoritario. Además de enseñar a una nueva generación de pastores, los graduados del programa de becas Langham ejercen una influencia considerable a través de sus escritos y su liderazgo.

Para conocer más acerca de Langham Partnership y el trabajo que realizamos visita **langham.org**